Andreas Unfried u. a.

XXL-Pfarrei

Monster oder Werk
des Heiligen Geistes?

Andreas Unfried u. a.

XXL-Pfarrei

Monster oder Werk des Heiligen Geistes?

echter

Bibliografische Information der Deutschen Nationalbibliothek
Die Deutsche Nationalbibliothek verzeichnet diese Publikation in der Deutschen Nationalbibliografie; detaillierte bibliografische Daten sind im Internet über ‹http://dnb.ddb.de› abrufbar.

www.echter-verlag.de
Umschlag: wunderlichundweigand.de
(Foto: © zettberlin/photocase.com und © chocolatto/photocase.com)
Satz: Hain-Team, Bad Zwischenahn (www.Hain-Team.de)
Druck und Bindung: Druckerei CPI – Clausen & Bosse, Leck
ISBN
978-3-429-03486-3 (Print)
978-3-429-04640-8 (PDF)
978-3-429-06050-3 (ePub)

Inhalt

TEIL II:
Wie es trotz allem gehen kann:
Ein Praxisbericht

TEIL III: Materialsammlung

Gebet auf dem Weg zur Pfarreiwerdung

Guter Gott,
wir bitten Dich auf unserem Weg,
dass uns Dein Heiliger Geist begleitet,
der Geist der Geschwisterlichkeit,
der Geist der Kreativität,
der Geist der Beherztheit,
Dein Segen begleite uns in all unserem Tun.
Amen.

Dieses Gebet, das auf unserem Klausurtag entstanden ist, wurde am Folgetag in allen Gottesdiensten gebetet und hat uns auf dem weiteren Weg immer wieder begleitet, indem wir es vor Beginn oder am Ende von Sitzungen gebetet haben und die Gemeinden eingeladen haben, uns durch ihr Gebet zu Hause im Prozess zu unterstützen.

Einleitung

(von Andreas Unfried)

Es kommt nicht alle Tage vor, dass man von 311 deutschen Theologen als Missstand angeprangert wird. In dem vielbeachteten Memorandum: „Kirche 2011 – Ein notwendiger Aufbruch" heißt es: „*Christliche Gemeinden sollen Orte sein, an denen Menschen geistliche und materielle Güter miteinander teilen. Aber gegenwärtig erodiert das gemeindliche Leben. Unter dem Druck des Priestermangels werden immer größere Verwaltungseinheiten – ‚XXL-Pfarren' – konstruiert, in denen Nähe und Zugehörigkeit kaum mehr erfahren werden können. Historische Identitäten und gewachsene soziale Netze werden aufgegeben. Priester werden ‚verheizt' und brennen aus. Gläubige bleiben fern, wenn ihnen nicht zugetraut wird, Mitverantwortung zu übernehmen und sich in demokratischeren Strukturen an der Leitung ihrer Gemeinde zu beteiligen.*"

Was lässt sich groß sagen gegen den versammelten Sachverstand der deutschen Theologie? Oder gegen das ebenfalls verbreitete Urteil im Kollegenkreis oder in Diskussionsrunden mit kirchenkritischen Kirchenliebhaberinnen und -liebhabern, man sei bloß zu konfliktscheu und schafsdumm, um gegen solch offenkundige Fehlentwicklungen entschlossenen Widerstand zu leisten?

Wir haben im vergangenen Jahr einen Weg beschritten hin zu einer „Pfarrei neuen Typs". Wir haben es nicht unserem Bischof zu Willen getan – wenngleich mit gehöriger Unterstützung durch die Diözese. Wir haben es getan aus der Überzeugung heraus, dass wir grundlegend etwas ändern müssen in der pfarrlichen Seelsorge und dass wir diese Änderungen lieber selber mit betreiben wollen, statt uns als Hindernis den Veränderungen in den Weg zu stellen (auf die Gefahr hin, überrollt zu werden). Es ist nicht so, dass wir schon in allem Bescheid wüssten, wie das Neue werden wird. Immer wieder gehen wir mit Hoffen und Bangen und oft genug navigieren wir bloß auf Sicht. Es ist auch nicht so, dass wir völlig frei von Selbstzweifeln wären. Geben wir zu viel vom Bewährten auf? Werden uns die Gemeindemitglieder folgen? Ist die Kirche, die am Ende entstanden sein wird, auch weiter die Kirche, von der ich geträumt habe, als ich mich einst entschlossen habe, mein Leben von ihr und der Botschaft, für die sie steht, prägen zu lassen?

Viele von uns sind in dieses Projekt mehr hineingestolpert, als dass sie es aktiv gewollt hätten. Wir haben uns auseinandersetzen müssen mit einer völligen Umgestaltung des beruflichen Umfelds und der vertrauten Gemeindestrukturen. Für viele von uns bedeutet der Prozess der Veränderung auch schmerzlichen Abschied von Liebgewordenem und Vertrautem. Dennoch haben Priester, hauptamtliche Seelsorgerinnen und Seelsorger und nicht zuletzt die synodalen Verantwortungsträger in den betroffenen acht Pfarrgemeinden unseres Pastoralen Raums mit großer Entschiedenheit den Weg zur Pfarreiwerdung beschritten. Wir sind diesen Weg von vornherein als gemeinsamen Weg gegangen, als Schicksalsgemeinschaft gewissermaßen. Und wir gehen ihn – bei unterschiedlichem Grad der Betroffenheit und unterschiedlicher Tiefe der Reflexion – als einen Weg, auf dem wir uns geführt vom Heiligen Geist erfahren. In unserer Perspektive ist das, was wir hier versuchen, nicht der Abgesang auf pfarrliche Seelsorge, sondern die konsequente Fortführung der Ekklesiologie des Zweiten Vatikanums. Es ist ein Ernstmachen damit, dass die

Kirche wirklich Volk Gottes ist, in dem Laien und Priester gemeinsam Verantwortung tragen aufgrund gemeinsamer Berufung zum Allgemeinen Priestertum in Taufe und Firmung, und dass dieses Gottesvolk wiederum in sich gegliedert ist in eine Vielzahl und Vielfalt von Berufungen und Charismen, Ämtern und Diensten, unter denen dem priesterlichen Amt als dem Dienst an der Einheit und Apostolizität besondere Bedeutung zukommt.

Für uns ist die „Pfarrei neuen Typs" keine Zentralpfarrei. Wir haben sie betont dezentral angelegt und sehen das Neue gerade darin, dass manche Identitätsmerkmale der klassischen Pfarrgemeinde auf sie nicht zutreffen. So vermag die neue Pfarrei die Gläubigen nicht ohne weiteres um einen Altar zu versammeln, weil es keine Kirche bei uns gibt, die groß genug wäre, die ganze Pfarrei (oder auch nur die Gottesdienstgemeinde derselben) zu fassen. Die neue Pfarrei wird auch kein zentrales Pfarrfest für alle haben können. Wir müssten uns dafür sonst wohl in einer Messehalle einmieten. Wichtiger aber als das, was die neue Pfarrei nicht sein wird oder leisten kann, wird sein, was sie positiv auszeichnet. Wir sind uns bewusst, dass vieles davon erst der Entwicklung bedarf. Wir legen gegenwärtig ja lediglich die Spielregeln fest, unter denen sich das Spiel dann erst entwickeln wird. Aber es ist doch nicht so, dass man an diesen Spielregeln nicht schon gewisse Kennzeichen der neuen Pastoral ablesen könnte: Es geht um Beteiligung und Transparenz in der Kommunikation und Entscheidungsfindung. Es geht uns um möglichste Nähe in der Seelsorge (wobei neu zu verstehen sein wird, wer künftig alles Träger von Seelsorge sein kann). Es geht uns um die Freisetzung von Ressourcen für die Neugewinnung bzw. Rückgewinnung pastoraler Felder, um das Aufbrechen der „Verkernung" unserer Gemeinden und darum, dem immer schneller fortschreitenden gesellschaftlichen Bedeutungsverlust von Kirche und

Glaube etwas entgegenzusetzen. Es geht schließlich darum, durch den Aufbau selbsttragender Gemeindestrukturen die pfarrliche Seelsorge weniger abhängig von hauptamtlicher Führung und Stützung zu machen, um die Gemeinden zukunftsfest zu machen in einer Zeit, in der es (Pflichtzölibat oder nicht) absehbar ist, dass der Grad der Hauptamtlichkeit in der deutschen Kirche spürbar abnehmen wird – und zwar nicht erst eines fernen Tages, sondern bereits im nächsten Jahrzehnt.

Wir haben im Folgenden versucht, unseren Weg und die Beweggründe für denselben zu beschreiben. Wir haben auch aufgeschrieben, welche Einsichten uns beim Gehen dieses Weges gekommen sind.

Gerne geben wir Ihnen auch etwas davon an die Hand, was uns selbst an Materialien in diesem Prozess hilfreich gewesen ist. Wir hoffen, auf diese Weise helfen zu können, dass andere, die sich auf den Weg machen wollen, das Rad nicht jedes Mal neu erfinden müssen oder auch dass sie aus unseren Fehlern lernen können.

Darum gliedert sich dieses Praxisbuch in einen ersten Teil mit grundlegenden Überlegungen, einen zweiten, der sehr konkret unseren Weg beschreibt, und einen dritten Teil, in dem wir verschiedene Materialien zusammengestellt haben.

Weil ein solcher Weg niemals von einem allein gegangen werden kann, wird dieses Buch auch gleichsam aus verschiedenen Perspektiven geschrieben. Nicht alles lässt sich hundertprozentig zur Deckung bringen. Nicht alle – zumindest scheinbaren – Widersprüche konnten wir ausgleichen. Wichtiger ist aber, dass wir gemeinsam auf dem Weg geblieben sind und uns immer wieder zumindest auf Richtung und Ziel verständigen konnten. Oft haben wir darum ringen müssen. Und gemurrt wie das Volk Israel in der Wüste haben wir mehr als einmal.

Für diejenigen, die dieses Buch vor allem aus dem Motiv heraus lesen, herauszufinden, warum das alles in ihrer Situation überhaupt nicht funktionieren kann, empfehlen wir, die Lektüre mit dem Kapitel 13 über die besondere Ausgangslage in Oberursel zu beginnen. Natürlich ist unser Prozess ein Einzelfall und – so gern es die Diözese auch hätte – nicht einfachhin ein Pilotprojekt, das sich problemlos auf andere Situationen im Bistum oder anderswo übertragen ließe.

Auf irgendwelche Vorbildfunktionen kommt es uns auch überhaupt nicht an. Wohl aber auf den Grundgedanken hinter unserem Projekt: dass auch in den gegenwärtigen Zumutungen eines tiefgreifenden Veränderungsprozesses der Gestalt von Kirche in unserem Land ein Anruf des Heiligen Geistes stehen kann, dass Gott auch heute in den Zeichen der Zeit zu uns spricht. Das „aggiornamento" (die „Heutigwerdung"), jener Schlachtruf der Pastoral nach dem Konzil, das wir gern und oft in Richtung einer weitgehend reformunfähigen oder doch -unwilligen Institution Kirche aussprechen, erleben wir auf uns selbst gewendet als eine ungeheure Herausforderung, aber auch Inspiration. In der Pfarrei neuen Typs, wie wir sie miteinander erbauen und erbeten, wird der Geist der Freiheit und der Teilhabe wehen, der Geist des geschwisterlichen Miteinanders und der Freude an Gottes Wort und Sakrament. Wir sind uns bewusst, dass am Ende des Weges nicht schon „das Land, wo Milch und Honig fließt", stehen wird. Es wird für uns nicht anders ausgehen als damals für das Volk Israel: Nach den 40 Wüstenjahren und der Landnahme wartete ein mühseliges Leben als Ackerbauern und Viehzüchter auf sie. Nicht ohne Grund hat Jesus für die Zeichen des Neuen Bundes nicht Milch und Honig, sondern Brot und Wein ausgewählt, die „Früchte der Erde und der Arbeit vieler Menschen". Auf die Früchte dessen, was unsere Arbeit und Gottes Gnade wachsen lassen wird, hoffen wir und vertrauen wir.

Teil I:

Grundlegende Überlegungen

1. Warum nicht alles bleiben kann, wie es ist. Und warum es besser ist, den Wandel zu gestalten, als ihn zu erleiden

Von Andreas Unfried

Alle vier Jahre ist in unserem Bistum Visitation. Bischof oder Weihbischof ziehen dann durch den Bezirk und besuchen die Gemeinden und Pastoralen Räume. In der Regel wird dies begleitet durch eine Konferenz zu Beginn der Visitationsreise und einer zum Abschluss derselben. Mit schöner Regelmäßigkeit werden dabei auch die aktuellen statistischen Zahlen vorgestellt: zum sonntäglichen Kirchgang, zur Mitgliederbilanz, zur Sakramentenspendung – seit neuestem auch zu den gesellschaftlichen Milieus, wie sie in der SINUS-Studie beschrieben werden. Und jedes Mal zur großen Überraschung aller sind die Zahlen wieder schlechter geworden. Es sind mehr gestorben und ausgetreten, als getauft werden wollten. Es sind wieder weniger geworden, die sonntags zur Kirche gehen, und sogar weniger, die ihr Kind zur Erstkommunion anmelden. Von den Eheschließungen ganz zu schweigen. Ich erlebe das jetzt (nehme ich meine Ausbildungszeit hinzu) seit beinahe 25 Jahren so. Immer sind alle tief betroffen. Immer sagen alle, so könne es nicht weitergehen und man müsse ganz grundlegend etwas ändern. Fragt man dann aber genauer nach, was man denn zu ändern gedenke respektive was man in den letzten vier Jahren geändert habe, dann hört man (wenn überhaupt) meistens Rezepte vom Schlage: Da müssen wir uns eben mehr anstrengen und uns mehr Mühe geben. Da wird dann der Firmkurs zum Katechumenat für Jugendliche ausgebaut und aus der Erstkommunionvorbereitung wird eine mystagogisch-missionarische Glaubensschule für glaubensferne Eltern. Nichts gegen Anstrengung in der Pastoral. Nichts gegen neue Konzepte. Aber mit Verlaub: Sie laufen bei uns meist nach dem Prinzip: „Mehr vom Gleichen". Es ist aber sehr fraglich, ob man ein Konzept, das die Erwartungen nicht erfüllt hat, tatsächlich verbessert, wenn man es einfachhin fortschreibt. Dem Fußball-Trainer, der angesichts einer Niederlagenserie seines Teams sein Spielsystem nicht überprüft und Varianten ausprobiert, wirft man spätestens nach der fünften Niederlage in Folge vor, die Mannschaft nicht mehr zu erreichen. Der goldene Handschlag ist dann meist nicht mehr weit. Enthebt uns aber unsere Arbeitsplatzsicherheit der Notwendigkeit, nach echten Reformen zu suchen? Das würde wohl niemand auch nur heimlich denken.

Verbreitet höre ich auf die Frage, warum man nicht versuche, etwas zu ändern in der Gemeindeseelsorge, auch die Antwort, das würde sowieso nichts nützen, da das Problem viel tiefer greife. Im Grunde hinge die Misere an der grundsätzliche Reformunfähigkeit der Kirche selbst. Und solange nicht tiefgreifende kirchliche Reformen, wie die Aufhebung des Pflichtzölibats, die Ermöglichung des Zugangs zum Weiheamt für die Frau, die Korrektur von offenkundig dem modernen Menschen nicht mehr zumutbaren Dogmen wie der Unfehlbarkeit des Papstes usw. usw., solange dies alles nicht in Sicht sei, sei der Versuch, vor Ort etwas zu reformieren, von vornherein zum Scheitern verurteilt. Diese These hat natürlich etwas für sich: Erstens beweist sie sich sozusagen selbst. Denn ihre Anhänger brauchen nichts weiter zu tun, als untätig zu bleiben und zuzusehen, wie alles immer schlimmer wird. Zweitens hat sie den Vorteil, dass man selber an nichts schuld ist. Die Verantwortung liegt ja anderswo. Und man selbst hat ja oft genug gewarnt. Der gravierende Nachteil der Theorie ist allerdings, dass es den Schiffspassagieren auf der Titanic nicht wirklich etwas genutzt hätte, wenn sie schon beim Auslaufen aus dem Heimathafen den Kapitän auf die grundsätzliche Gefährlichkeit winterlicher Überquerungen des Atlantiks und die Unberechenbarkeit von Eisbergen aufmerksam gemacht hätten. Erhobenen Hauptes hätten sie zwar am Ende sagen können, dass sie es ja schon immer gewusst hatten. Untergegangen wären sie aber genauso wie alle anderen.

Wenn uns also etwas liegt an dieser Kirche, in der die meisten von uns von Kind auf groß geworden sind, dann sollten wir schleunigst zusehen, dass wir tatsächlich etwas ändern an den Zuständen, wie sie derzeit herrschen und sich immer weiter verschlimmern. Machen wir dazu einfach ein kleines Gedankenexperiment: Stellen Sie sich vor, der Papst würde morgen feierlich erklären, dass ab sofort der Zölibat für Neupriester nicht mehr obligatorisch verlangt würde und das Diakonenamt künftig für Frauen geöffnet werde. Was würde passieren? Es gäbe natürlich einen medialen Rummel sondersgleichen. Nehmen wir den optimalen Fall, dass es darüber zu keiner Kirchenspaltung käme, sondern im Gegenteil eine Hinwendung der Jugend zur Kirche geschehe, dann würden in den Folgejahren sicherlich die Zahlen der Studierenden auf das Diplom in Theologie erheblich steigen. In fünf Jahren hätten wir dann die ersten Absolventen (und Absolventinnen), die anschließend in die zweijährige praktische Ausbildung übernommen werden könnten – natürlich im Rahmen der finanziellen Möglichkeiten der einzelnen Bistümer und mit dem Blick darauf, eine ungünstige Altersverteilung im pastoralen Personal insgesamt zu vermeiden. Will sagen: Im besten Fall hätten wir mit einer spürbaren Linderung der Personalnot in der Seelsorge in etwa zehn Jahren zu rechnen. Und mit jedem Tag, an dem die Voraussetzungen für unser Gedankenexperiment nicht vorliegen, verschiebt sich der Silberstreif am Horizont weiter nach hinten. Wie gesagt, wenn Sie der Auffassung sind, ohne die große kirchliche Reform sei nichts zu retten, dann ist das eben so. Konsequenterweise sollten Sie dann aber Ihr Engagement in der Kirche gänzlich einstellen, weil es ja sowieso letztendlich für die Katz ist.

Bei aller Sympathie für die prophetische Kritik an der Kirche und ihrer, meiner Ansicht nach, unbestreitbaren Reformbedürftigkeit ist mir aber meine Kirche viel zu lieb und teuer, als dass ich einfachhin zuschauen möchte, wie sie vor sich hin darbt. Ich habe auch grundsätzlich ein Problem damit, Dinge und Entwicklungen einfachhin zu erleiden, ohne versucht zu haben, das Geschehen auch zu beeinflussen. Schließlich sagt mir meine Lebenserfahrung, dass ich schon vielfach das Potential für echte Veränderung gröblich unterschätzt habe. Weder habe ich mir den Fall der Berliner Mauer vorstellen können noch hätte ich geglaubt, dass man Diktatoren gewaltfrei vertreiben kann oder dass eine wirtschaftsliberale Regierung aus der Atomkraft aussteigt. All dies aber ist geschehen – und noch eine Menge anderer unglaublicher Dinge. Dagegen wirkt das Projekt, unsere Gemeinden so zu reformieren, dass sie lebensfähig bleiben (oder wieder werden), ein bisschen wie Kindergeburtstag.

Eines dürfte dabei allerdings klar sein: Bei dem Wandel, der gegenwärtig ansteht, geht es um tatsächlichen Wandel, um echte Veränderung. Es ist die Schwachstelle jeder echten Veränderung, dass das Neue gegenüber dem Alten immer eigenartig farblos bleibt. Es liegt eben erst in der Zukunft. Und wenn man die rosig malt, setzt man sich völlig zu Recht dem Vorwurf der Schönfärberei aus. Man kann schließlich das Gegenteil nicht beweisen. Es liegt ja noch nicht vor. Demgegenüber haben die Kritiker, die vor allem vor den negativen Folgen einer Veränderung warnen, alle Plausibilität für sich, denn alle haben schon soundso oft erlebt, dass prognostizierte Folgen nicht eingetreten sind, während man anschließend mit unvorhergesehenen Nebenwirkungen seine liebe Not hatte. Das Alte, so miserabel und kritikwürdig es auch immer sein mag, hat den unbestreitbaren Vorteil, dass man es kennt. Man hat sich damit arrangiert. Es macht keine Angst mehr. Und wer sich lange genug mit dem Alten herumgeschlagen hat, der hat auch einen Weg gefunden, sich damit zu arrangieren. Denken Sie doch: Kaum waren die Israeliten einst nach dem Exodus in der Wüste Sinai angekommen, da sehnten sie sich bereits nach den „Fleischtöpfen Ägyptens". Wie oft sie wohl vorher tatsächlich an diesen gesessen hatten? Aber in der Rückschau verklärte sich das Bild. Und die Gegenwart war karg genug, als dass die ferne Verheißung des Gelobten Landes ihre Stimmung nachhaltig hätte heben können.

Rechtfertigen solche Einsichten aber das Nichtstun? Ist auf diesem Hintergrund der Exodus ein Irrtum historischen Ausmaßes gewesen? Doch wohl nicht. Es ist unbestreitbar wahr: Es gibt keine Wandlung zum Nulltarif. Alle Veränderung bedeutet auch Kosten, beinhaltet Abschied und Trauerarbeit. Aber ist es wirklich ein Zukunftskonzept, im Wissen um diesen Sachverhalt und im Versuch, dies alles möglichst zu vermeiden, die Probleme nonchalant auf die nächste Generation weiterzuschieben? Ist solches „Uns trägt es ja noch" nicht einfach Feigheit, einmal ganz abgesehen davon, dass man sich durchaus die Frage zu stellen hat, was der Geist Gottes von uns erwartet und wozu er uns heute ruft? Es ist doch nicht nur die Erde, die wir von unsern Kindern nur geborgt haben. Das gilt doch auch gleichermaßen von der Kirche.

2. Gemeinde, Pfarrei, Pfarrgemeinde – eine babylonische Sprachverwirrung

Von Andreas Unfried

Mit dem Konzil und mit der Synode haben die Katholiken die Gemeinde entdeckt. Spät genug möchte man aus evangelischer Perspektive sagen. Aber dafür immerhin nachhaltig, können wir dagegenhalten! Der Pastoraltheologe Ferdinand Klostermann stand im und nach dem Konzil für den Slogan: „Wo Pfarrei war, soll Gemeinde werden“. Und das entsprechende pastorale Programm war erfolgreich wie kaum eines in der deutschen Kirchengeschichte. Weder haben wir je einen so hohen Grad an ehrenamtlicher Mitarbeit in der Kirche gesehen wie in der zweiten Hälfte des 20. Jahrhunderts, noch stand uns je eine differenziertere Theologie der Gemeinde zur Verfügung als im Gefolge des Zweiten Vatikanischen Konzils und seines regionalen Appendix, der Würzburger Synode von 1972 bis 1975.

Die Würzburger Synode entwickelt klarer, als das dem Konzil möglich war, das Programm der Gemeindetheologie: Wo bisher das Milieu die Kirchenmitgliedschaft prägte, sollte nun die bewusste Entscheidung für den Glauben stehen. Der Christ der Zukunft werde ein Mystiker sein, sekundierte dazu der führende Dogmatiker jener Zeit, Karl Rahner, und meinte damit einen Christenmenschen, der selber etwas erfahren hat mit seinem Gott. Allerdings muss man konstatieren, dass die mystagogische Erschließung der christlichen Botschaft in jenen Jahren faktisch eher unterentwickelt blieb und die Umsetzung des Prinzips der Gemeinde weniger unter dem Fokus der Nachfolge Jesu als unter dem Fokus der Gemeinschaftsbildung geschah.

Ohne verantwortungsvollen Projekten der Gemeindeentwicklung zu nahe treten zu wollen, behaupte ich, dass der Prozess der Neuorientierung vielfach nach dem Muster verlaufen ist: Wo „Pfarrei“ war und nun „Gemeinde“ werden soll, da gründen wir „Pfarrgemeinde“. Ich will damit sagen, dass das neue Paradigma das alte nicht einfach ablöste, sondern dass man den alten Idealen die neuen einfach an die Seite stellte. Die Fronleichnamsprozession sollte so feierlich wie immer sein, aber dafür jetzt mit begleitendem Kinderwortgottesdienst und Neuem Geistlichem Lied von der Jugendband. Bei alledem gab man sich wenig Mühe um die Definition der Begrifflichkeiten. Pfarrei, Gemeinde, Pfarrgemeinde – letztlich sollte sich alles gleich anfühlen, mit dem deutlichen Akzent auf den Primat der Gemeinde vor Ort. Sie war die maßgebliche Sozialgestalt der Kirche Jesu Christi auf Erden. An manchen Orten wurde das ideologisch so weit getrieben, dass die Teilnahme am Sonntagsgottesdienst in einer Nachbarpfarrei als unsolidarischer Akt gegenüber der eigenen Gemeinde gewertet wurde. Aber auch wenn das seltene Überzeichnungen gewesen sein mögen, so ist doch aufs Ganze festzuhalten, dass sich über die Jahre und Jahrzehnte vielfach und vielerorts eine sehr selbstbewusste (und teilweise sehr eigene) Identität als Gemeinde herausprägte.

Dabei gab man sich wie gesagt häufig wenig Rechenschaft über die konkrete Bedeutung des Begriffs „Gemeinde“. Vielfach schillert der Begriff zwischen theologischer Norm (vgl. die Aussagen der Apostelgeschichte zur Urgemeinde in Jerusalem), der Bezeichnung für die Gruppe der regelmäßigen Kirchgänger oder auch der Umschreibung für den Kreis der ehrenamtlich Engagierten. Kann man die Pfarrei soziologisch einigermaßen präzise erfassen (als Gesamtheit der in einem territorial umschriebenen Gebiet wohnhaften Katholikinnen und Katholiken), so ist dies für den Begriff „Gemeinde“ ungleich schwieriger. Was ist ein „regelmäßiger Kirchgänger“? Zählen jene, die einmal im Monat gehen, auch schon dazu? Und was ist mit denen, die regelmäßig immer Weihnachten kommen (allerdings nur da)? Vermeintlich einfacher ist es dann schon, den Gemeindebegriff auf die Mitarbeit in gemeindlichen Gruppen und Kreisen zu beziehen – freilich mit der schwierigen Konsequenz: Wie fasst man jene treuen Katholiken, die jeden Sonntag in die Kirche gehen, aber – aus welchen Gründen auch immer – sich nicht in der Gemeinde engagieren wollen oder können? Der Begriff der Gemeinde bleibt daher neben der theologischen Norm („Wo zwei oder drei in meinem Namen beisammen sind, da bin ich mitten unter ihnen“) ein eher emotionaler.

Das alles wäre nicht weiter schlimm, wenn sich nicht vieles, was man unter „Nähe“ in der Seelsorge versteht, auf diesen Gemeindebegriff bezöge. Eines der Hauptargumente gegen die „XXL-Pfarreien“ äußert ja die Befürchtung, durch diese ins Riesenhafte aufgeblähten Strukturen ginge die Nähe in der Seelsorge verloren. Im Blick ist dabei das alte Bild von der Herde und ihrem Hirten, der jedes seiner Schafe kennt und dem jedes einzelne mit seinem Schicksal am Herzen liegt – ein Bild, das übrigens auch kirchlich hochoffiziell im can. 529 des kirchlichen Rechtsbuchs CIC als Aufgabenumschreibung des Pfarrers beschworen wird. Aber gleichgültig ob diese Art der Hirtenspiritualität traditionell vom Pfarrer oder nachkonziliar-modern etwa vom Pfarrgemeinderat wahrgenommen werden soll, immer wird man soziologisch auf die Wahrheit stoßen, dass dies jenseits einer Gemeindegröße von, sagen wir, 300 Mitgliedern ein unerfüllbarer Wunsch bleiben wird. Schon in den sich jetzt langsam verklärenden angeblich goldenen Zeiten der frühen siebziger Jahre konnte der Pfarrer also nicht alle Gemeindemitglieder persönlich kennen, viel weniger konnte er allen nahe sein. Zuzugeben ist, dass viele Pfarrer aber nach wie vor genau diesen Anspruch an sich selbst haben und dies auch ihren Gemeinden signalisieren – häufig auch bei Übernahme weiterer Pfarreien in Personalunion. Vielfach wurde und wird dann versucht, durch effiziente Terminplanung und geschickte Organisation zumindest den Anschein zu erwecken, jederzeit und für alle da sein zu wollen.

Auf diese Weise wurde die Vorstellung genährt, persönliche Nähe durch den Seelsorger (im Idealfall der Priester, wenn es nicht anders geht, aber eben auch die Pastoralreferentin oder der Gemeindereferent) sei der gemeindliche Normalfall. Wenn sie als defizitär erfahren wurde, dann handelte es sich um das persönliche Defizit des jeweiligen Seelsorgers. Und so sitzt es auch, glaube ich, in der Selbstwahrnehmung vieler Priester und pastoraler Mitarbeiterinnen und Mitarbeiter fest. Allenfalls wurde zur Entlastung der einzelnen Personen die These vertreten, dass in Wahrheit Rom Schuld habe, weil es aus bekannten Gründen der Reformunfähigkeit eine angemessene Ausstattung der Gemeinden mit Seelsorgern verhindere. Jetzt hielte ich die Eröffnung neuer Zugangswege zum Weihesakrament durchaus für sinnvoll, ja für notwendig, ebenso wie eine Öffnung der Kirche für die Gleichberechtigung der Frau. Auf einem anderen Blatt steht für mich allerdings, dass es eine seelsorgliche Betreuung, wie im Hirtenbild der eben beschriebenen Gemeindetheologie vorgestellt, in der ganzen Kirchengeschichte wohl nie gegeben hat und aus eigentlich nachvollziehbaren Gründen auch nicht geben kann. Selbst die urgemeindlichen Verhältnisse dürften andere gewesen sein – sicher jedenfalls die Wirklichkeit der paulinischen Gemeinden, die ihren Gründer und Seelsorger oft nur wenige Monate in ihrer Mitte hatten und ansonsten nur per Bote oder brieflich mit ihm in Beziehung stehen konnten.

Die Erfahrung von Nähe ist sicherlich andererseits die entscheidende Kategorie, an der sich eine erfolgreiche Pastoral von einer misslingenden unterscheiden lässt. Es muss aber präziser gefragt werden: Von wem geht diese Nähe aus? Und wem ist man nahe? Letzteres ist die Frage danach, wer zur Gemeinde gehört mit all den bereits erörterten Unsicherheiten der Definition. Ersteres ist die Frage danach, wer Subjekt der Seelsorge ist. In den achtziger Jahren des 20. Jahrhunderts haben wir dazu heftig die These der Befreiungstheologie diskutiert, dass jeder Getaufte und Gefirmte in dieser Weise Subjekt der Seelsorge werden solle. Die gesamtkirchliche Zurückweisung der Befreiungstheologie bezog sich meines Wissens nie auf diese Einsicht, die für sich in Anspruch nehmen kann, dass sie fest auf der Lehre von der Kirche, wie sie auf dem Konzil entwickelt worden ist, aufruht. Wenn dies aber stimmt, dann kommt für die Antwort auf die Frage, wer denn Nähe in der Seelsorge vermitteln kann, ein sehr viel größerer Personenkreis in Frage, als von uns bisher gemeinhin vorgestellt. Das ist auch nur gut und richtig so, denn der Kreis der seelsorglichen Zielgruppe wird sich ja auch erheblich weiten müssen, wenn wir uns nicht einfachhin zufriedengeben wollen mit der zunehmenden „Verkernung" unserer Gemeinden und ihrer Verengung auf nur wenige gesellschaftliche Milieus.

Für problematisch halte ich dabei den gängigen Sprachgebrauch der „*Pfarrgemeinde*", auch wenn er seit vielen Jahren bei uns „geadelt" ist durch den „Pfarrgemeinderat" und im alltäglichen Gebrauch der uns vertrauteste Begriff sein mag. Schwierig ist hier, dass der Begriff die Ebenen durcheinanderbringt, indem er eine soziologisch-organisatorische Begrifflichkeit (Pfarrei = Gesamtheit der auf einem bestimmten Territorium wohnhaften Katholikinnen und Katholiken) mit einem normativen Begriff wie dem der Gemeinde schlicht in eins setzt. Natürlich gibt er damit eine kirchliche Realität wieder, aber eben eine, die uns heute, so meine Überzeugung, zunehmend zum Problem wird. Ja, wir haben seinerzeit unseren

Klostermann gelesen und versucht, aus „Pfarreien" „Gemeinden" zu machen. Indem wir aber faktisch „Pfarr-Gemeinden" gebaut haben, haben wir die Erwartungen , die sich mit der alten Struktur verbunden haben, schlicht in die neue Struktur mitgenommen und die Erwartungen der neuen Struktur dazuaddiert. Der Pfarrer sollte fortan Hirte *und* Gemeindeleiter sein, moralische Autorität *und* Moderator von Willensbildungsprozessen, Spender der Sakramente *und* Animateur für ein möglichst reichhaltiges Gemeindeleben, starker Mann mit Richtlinienkompetenz *und* geschickter Makler zwischen verschiedenen Gemeindeinteressen – kurz: die eierlegende Wollmilchsau, als die sich viele Mitbrüder heute fühlen.

In unseren Diskussionen habe ich daher immer versucht, der beschriebenen „babylonischen Sprachverwirrung" zu entgehen und terminologisch sauber von der *Pfarrei* zu sprechen, wenn vom theologischen und organisatorischen Rahmen die Rede ist. Pfarrei meint dabei im Sinne des CIC, can. 518, eine auf Dauer vom Bischof errichtete Gemeinschaft von Gläubigen, die einem Pfarrer anvertraut ist. Theologisch lässt sich die Pfarrei am sinnvollsten wohl verstehen als die kleinste Einheit, in der Kirche als Ganzes mit ihren vier Wesensvollzügen (gefeierter Glaube, gegebenes Zeugnis, tätige Nächstenliebe und praktizierte Gemeinschaft) verwirklicht ist. Unter *Gemeinde* bzw. *Kirchort* verstehe ich demgegenüber Orte christlichen Glaubens, wo sich Glaubensleben verbindlich und dauerhaft ereignet. Dies können in erster Linie natürlich die bisherigen Pfarrgemeinden mit ihren Kirchen und Gemeindehäusern, Kindertagesstätten und Pfarrbüros sein. Dies könnten aber auch Orte wie ein Behindertenheim, ein Eine-Welt-Laden oder ein Hospiz werden – immer unter der Voraussetzung, dass sich dort kirchliches Leben dauerhaft und verbindlich ereignet. Ohne die Auswirkungen einer solchen Neudefinition von Kirchorten bereits absehen zu können, würde ich mir davon einiges versprechen, was die Überwindung des pastoralen Schismas zwischen Caritas und Gemeindepastoral betrifft oder auch die Verengung des kirchlichen Lebens auf nur wenige Milieus.

Der Begriff der *Kirchengemeinde* behält seine Bedeutung innerhalb des Kirchenvermögensverwaltungsgesetzes und meint dort die juristische Person, also das Rechtssubjekt, das Verträge schließen und rechtlich verbindliche Absprachen und Verpflichtungen eingehen kann. In der „Pfarrei neuen Typs" ist die Kirchengemeinde identisch mit der Pfarrei und wird konkret vertreten durch den Verwaltungsrat.

3. Es war nicht immer so, wie es ist: Pfarrseelsorge im Wandel

Von Mathias Wolf

Die Kirche in unserem Land befindet sich bereits seit Jahren in einem leisen, aber nicht minder gravierenden Wandel. Das geht auch an der äußeren (Sozial-)gestalt der Kirche nicht spurlos vorüber. Die Jahrzehnte wachsender Gemeinden und Einnahmen, hoher Kirchenbesucherzahlen, selbstverständlichen persönlichen Engagements und starker Jahrgänge sind vorbei. Diese Aufwärtsbewegungen waren bedingt durch die außerordentliche Situation in der Folge des Krieges wie Werteverlust, millionenfaches Leid, Wirtschaftswachstum, Bevölkerungsbewegungen sowie -wachstum, die 68er Bewegung sowie Aufbruchstimmung in Konzil und Synode. Wir erkennen heute: Kirchengeschichtlich gesehen waren diese Jahrzehnte eine Ausnahme und singuläre Erscheinung am Ende der Phase des Kulturkampfes mit seinen geschlossenen katholischen Milieus.

In unserem Gedächtnis allerdings sind diese Phänomene der letzten Jahrzehnte aber oft normgebend im Sinne eines Idealbildes von „Pfarrgemeinde". Der Abschied von diesem Idealbild fällt allen schwer. Beim Blick in die Bistumslandschaft in Deutschland entsteht der Eindruck, als habe auf der Leitungsebene operative Hektik und in einigen Fällen sogar offene Panik eingesetzt. Es werden in aller Eile Strukturen, die über Jahrhunderte das Kirchesein am Ort unter verschiedensten Umständen ermöglichten, aufgelöst. Es wirkt so, als geschehe dies, weil die hergebrachten Strukturen nicht mehr so „funktionieren" wie in den letzten Jahrzehnten und das vermeintliche Idealbild nicht mehr erfüllen.

Der Blick in den Rückspiegel der Geschichte kann in der aktuellen Umbruchsituation vielleicht ein wenig mehr dazu beitragen, nicht die Orientierung zu verlieren.

Kirche und Glaube gab es auch vor unserer Zeit in oft noch größeren Gebieten mit wesentlich weniger Personal als heute und in unterschiedlichster Ausprägung vor Ort. Ein Wandel dieser Struktur ist also aus historischer Sicht nichts Neues. Ein durchgängiges Kontinuum über die Geschichte hinweg war die Pfarreistruktur – in welchen Zuschnitten auch immer. Die Christen waren bemüht, eine Pfarrei zu bilden, und haben dies oft auch unter größten Entbehrungen ermöglicht. So haben Pfarreien die Jahrhunderte der Religionskriege und der Säkularisation, des Gläubigen-, Geld- und Personalmangels überlebt oder sich immer wieder neu gegründet.

Ein weiteres Phänomen wirkt heute zusätzlich bedrängend: der Priestermangel. Es gibt nicht mehr genug Priester, die als Pfarrer einer Pfarrei und der Eucharistiefeier vorstehen können und so viele (kleine) Pfarreien versorgen können. Das Projekt der massiven Reduzierung der Pfarreien ist dann oft der Versuch, die verbliebenen Priester zu entlasten und ihnen zugleich den größtmöglichen Einfluss zu erhalten. Es scheint ganz pragmatisch das Dilemma des Priestermangels zu lösen. Der erwünschte Effekt bleibt aber meist aus, da oft nur noch mehr Zusammenbrüche der verbleibenden Priester die Folge sind.

Angesichts dieser Veränderungen stehen wir vor der Herausforderung, die Kirche vor Ort und überörtlich so aufzustellen und zu organisieren, dass sie den Herausforderungen der Gegenwart gewachsen ist und zugleich ohne Priester und Eucharistiefeier überlebensfähig ist. Dies nicht, weil Priester und Eucharistiefeier nicht wichtig oder wünschenswert wären – das Gegenteil ist der Fall –, sondern weil sie aufgrund der bischöflichen Vorgaben einfach nicht mehr vorhanden sein werden.

Diese Herausforderung wird sich nicht durch Strukturen bewältigen lassen, die auf die wenigen Priester passgenau zugeschnitten sind. Was nottut, ist, die Kirche wieder auf die Füße zu stellen und sie zur Sache vieler zu machen. Das wird nur gelingen, wenn die Gläubigen in größtmöglicher Verantwortung ehrlich beteiligt werden und ihnen eine wie auch immer geartete Heimat im Glauben ermöglicht wird. Hierzu wird es nicht unbedingt Pfarrfeste, Pfarrgemeinderäte oder große Pfarrheime brauchen. Die Pfarreien der Jahrhunderte zuvor haben auch ohne all das lebendig sein können. Aber es wird Menschen brauchen, die da, wo sie leben (am Ort oder in ihren sozialen Milieus), gemeinsam dem Glauben eine Relevanz für ihr persönliches Leben einräumen. Wir stehen in unserer Zeit vor der Herausforderung, plausibel von Gott jenseits der Logik innerweltlicher Brauchbarkeit[1], Nützlichkeit und permanenter Opitimierung zu sprechen.

Was die aktuellen Veränderungen allerdings von jenen der Vergangenheit unterscheidet, ist die rasende Geschwindigkeit der gesellschaftlichen Umbrüche und der Erodierungsprozess der verfassten Kirche in der westeuropäischen Gesellschaft der Moderne. Die Gründe hierfür sind vielseitig. Zahlreiche Religionssoziologen stellen sich der Suche nach den Ursachen im Inneren und Äußeren. Bei ehrlicher Sichtweise zeigt sich: Die verfasste Kirche befindet sich in einem Erosionsprozess, wie er in seinen äußeren Auswirkungen vielleicht zum letzten Mal in der Folge der Reformation in unseren Breiten stattfand. Dies bedeutet in der Konsequenz: Das tridentinische Organisationsmodell der Kirche, wie es in der Gegenreformation entwickelt, im CIC festgeschrieben und in der Folge des Kulturkampfes in Deutschland idealtypisch durchaus auch mit Erfolg umgesetzt wurde, ist an sein definitives Ende gekommen.

1 H. J. Höhn, Herder Korrespondenz 4/2011; S. 180.

Das Bild vom Pfarrer als „guten Hirten“ („pastor proprius“ der Pfarrei) – unzählige Male auf Pfarrhäusern dargestellt – und der „Herde“ der Gläubigen, die von ihm „betreut“ wird, hat längst keinen Anhaltspunkt mehr in der Realität und spukt dennoch in den Köpfen und Herzen vieler herum. So schmerzlich es ist: Wir müssen uns davon verabschieden. Neues muss sich entwickeln. Die Kirche ist unterwegs zu einem neuen Organisationsmodell – jenseits des vom Konzil von Trient entworfenen. Wir dürfen gespannt sein, wie es aussehen wird.[2]

2 Einen ersten Einblick, wie es anders sein könnte, gibt R. Bucher im Herder Korrespondenz Spezial „Pastoral im Umbau“, April 2011, 6 ff.

4. Gefeierter Glaube, gegebenes Zeugnis, tätige Nächstenliebe, praktizierte Gemeinschaft: Wovon die Kirche lebt

Von Andreas Unfried

In der Pastoraltheologie ist es üblich, von drei bzw. vier Wesensvollzügen von Kirche zu sprechen: Liturgia (gefeierter Glaube), Martyria (gegebenes Zeugnis) und Diakonia (tätige Nächstenliebe) heißen die griechischen Fachbegriffe. Je nach pastoraltheologischer Schule wird die Koinonia (praktizierte Gemeinschaft) als viertes hinzugezählt oder als eine verbindende Kraft in den drei anderen Dimensionen verstanden. Um diese Wesensvollzüge für den Aufbau von Gemeinde wirklich nutzbar machen zu können, ist aber eine zusätzliche Betrachtung nötig: Für jeden dieser Grundvollzüge gilt, dass er eine Bedeutung „nach innen“ (für die Gemeinde selbst) und eine „nach außen“ (in die Gesellschaft hinein) hat. Martyria nach innen verwirklicht sich zum Beispiel in der Erstkommunionvorbereitung oder im Firmkurs. Zweifellos wird hier der christliche Glaube bezeugt – und zwar gegenüber den eigenen Kindern oder Enkeln. Es sind ja in der Regel nach wie vor die Kinder von Katholiken, die auf Wunsch ihrer Eltern getauft werden und dann im 3. Schuljahr auf die Erstkommunion vorbereitet werden wollen bzw. meist im Lebensalter um den 16. Geburtstag herum eingeladen werden, sich firmen zu lassen. Damit ist das Feld der Martyria aber noch nicht zureichend umschrieben. Wenn Kirche sich bemüht, bei einem Volksfest einen Stand zu übernehmen, wenn sie versucht, mit einer öffentlichkeitswirksamen Aktion zum Schutz des Sonntags die gesellschaftliche Diskussion zu beeinflussen, oder wenn sie in der Adventszeit im Einkaufszentrum für das Festgeheimnis von Weihnachten eintritt, indem man dort Adventslieder singt und Segensgrüße verteilt, dann ist das zweifellos ebenfalls ein gelebtes christliches Zeugnis, wenngleich zumeist von gänzlich anderer Art.

Auf diese Weise lassen sich alle vier kirchlichen Wesensvollzüge ausdifferenzieren. Man erhält auf diese Weise ein gewisses Anforderungsprofil, was Kirche leisten soll, ja muss, wenn sie dem Anspruch gerecht werden will, ihr Wesen nicht nur in Teilaspekten, sondern möglichst in Gänze darzubieten. Man könnte das im Einzelnen so beschreiben:

Martyria – nach innen: Katechese
– nach außen: missionarisches Engagement

Diakonia – nach innen: seelsorgliche Begleitung
– nach außen: Sorge für die Armen

Liturgia – nach innen: Gottesdienste und Gebete
– nach außen: Prozessionen, öffentliche Festgottesdienste, neue liturgische Formen (Segensfeier für Verliebte ...)

Koinonia – nach innen: Mitarbeiterpflege
– nach außen: Vergemeinschaftung und Feier, Beheimatung

Das Problem eines solchen Anforderungsprofils ist nun allerdings, dass die meisten Pfarrgemeinden heutigen Zuschnitts ihm nicht (oder nicht mehr) gerecht werden dürften. Dies könnte zumindest nahelegen, dass der theologische Anspruch der Pfarrei, das Ganze der Kirche auf lokaler Ebene zu verwirklichen, unter den heutigen Bedingungen nicht mehr in den bisherigen Pfarreigrenzen realisiert werden kann. In der uns gewohnten Sicht der Dinge tragen wir dem ja auch bereits Rechnung und antworten darauf mit der verstärkten Kooperation zwischen den Pfarrgemeinden. Wo der Firmkurs von einer Pfarrgemeinde nicht mehr getragen werden kann, da erleben wir, dass die Kooperation im Pastoralen Raum, in der Pfarreiengemeinschaft (oder wie die Terminologie in den einzelnen Diözesen auch lauten mag) durchaus befriedigende Ergebnisse liefert. Dennoch: Es ist etwas anderes, ob ich eine solche Kooperation gleichsam als Notlösung betrachte gegenüber einem leider gegenwärtig nicht zu erreichenden Ideal der Selbständigkeit oder ob ich, ausgehend von der größer gedachten Pfarrei, ganz selbstverständlich davon ausgehen kann, dass nicht in jeder Teilgemeinde dieser Pfarrei das Ganze des kirchlichen Lebens repräsentiert sein kann oder braucht.

Statt also ein Ideal von Gemeinde zu formulieren und anschließend Entschuldigungen zu suchen, warum dieses Ideal gegenwärtig nur unvollkommen erreicht werden kann, auf dass die Lahmen und Blinden sich der Not gehorchend zusammentun müssen und sich gegenseitig in ihren Schwächen stützen und einander an ihren Stärken teilhaben lassen, schlage ich doch sehr entschieden vor, gleich von vornherein von der größer verstandenen Einheit her zu denken. Die Gemeinde vor Ort ist dann nicht defizitär, weil es von ihr gar nicht erst erwartet werden kann, dass sie alles kann. Das ist alles andere als bloß eine Umetikettierung, nach der sich in den neuen Flaschen immer noch der alte Wein verbirgt. Es geht vielmehr darum zu erkennen, dass unsere gegenwärtigen Gemeinden keineswegs zuallererst schwach und defizitär sind. Im Gegenteil: Sie dürfen sich als Teil des Ganzen selbstbewusst als unverzichtbar erkennen, weil die neue Pfarrei aus ihnen lebt und ohne sie nicht leben könnte.

Darum sprechen wir in unseren Diskussionen von der neuen Pfarrei als von einer „Pfarrei neuen Typs“. Sie ist etwas anderes als eine räumlich und von der Katholikenzahl her größer gedachte Pfarrgemeinde klassischer Vorstellung. So gibt es in der „Pfarrei neuen Typs“ nicht per se den einen Gottesdienst, in dem sich alle Gemeindemitglieder als Gemeinschaft erfahren können, wie es Weihnachten, Ostern, Fronleichnam oder ein Gottesdienst zum Pfarrfest für uns gute Gewohnheit gewesen sind. In der „Pfarrei neuen Typs“ gibt es für einen solchen Gottesdienst in der Regel überhaupt keinen geeigneten Kirchenraum. Es wird auch keinen Sinn machen, ein Dankeschönfest für Ehrenamtliche auf Ebene der neuen Pfarrei zu feiern. Schon an praktischen Fragen (Größe des Gemeindesaals) würde man wahrscheinlich scheitern. Die neue Pfarrei wird und muss also aus und in den Gemeinden leben. Dort wird entscheidend der Ort sein, wo man Nähe und Beheimatung erfährt – oder eben auch nicht. Die Pfarrei als solche wird nur für die wenigsten die emotionale Heimat werden. Ihre Bedeutung besteht darin, den Gemeinden einen stabilen theologischen und organisatorischen Rahmen zu bieten und dafür zu sorgen, dass Kommunikation und Miteinander gelingen können.

Damit ist aber auch bereits die Spur gelegt, durch wen künftig die Dimension der Nähe in der Kirche erfahrbar werden soll: Es wird nicht in erster Linie der Pfarrer sein können und nur sehr eingeschränkt die hauptamtlichen pastoralen Mitarbeiterinnen und Mitarbeiter. Nähe wird erfahrbar werden, wo die Gemeindemitglieder selbst zu Subjekten der Seelsorge werden. Das bedeutet natürlich, dass das gemeindliche Leben an vielen Stellen anders aufgebaut sein muss als heute gewohnt. Ein Kommunionkurs, der von Ehrenamtlichen selbst getragen werden können soll, muss so gestaltet sein, dass man dafür nicht wöchentlich zu Büroöffnungszeiten im Pfarrbüro präsent sein muss, weil die organisatorischen Anforderungen so hoch sind, dass sie einen ehrenamtlich Tätigen völlig überfordern. Auch müssen die pädagogischen und theologischen Anforderungen an die Katechetinnen und Katecheten an deren Kompetenzen und Möglichkeiten angepasst sein.

Vieles muss wahrscheinlich einfacher gestaltet werden. „Niveauverlust!“ rümpfen jetzt vielleicht manche die Nase. Aber mit Blick auf die absehbare Entwicklung beim Priesternachwuchs wie bei den übrigen Seelsorgsberufen kann man nur dagegenhalten: Wer nicht will, dass in zehn Jahren gar keine Erstkommunionvorbereitung in den Gemeinden stattfinden kann, der arbeite tunlichst in der nächsten Dekade daran, wie ein entsprechendes katechetisches Niveau in den Gemeinden aufgebaut werden kann. Im Bild gesprochen: Priestern wie hauptamtlichen pastoralen Mitarbeiterinnen und Mitarbeitern kommt künftig weniger die Rolle des Spielers als die des Trainers (mindestens des Spielertrainers) zu. Sie müssen weniger selber agieren, als zunehmend andere zum Agieren befähigen und sie in ihrer Arbeit begleiten.

5. Die Eine, Heilige, Katholische und Apostolische Kirche: Was Kirche ist

Von Andreas Unfried

Neben der pastoraltheologischen Sicht auf Kirche und Gemeinde gibt es von alters her jenes Verständnis von Kirche, wie es sich im Glaubensbekenntnis ausdrückt: Ich glaube die „eine, heilige, katholische und apostolische Kirche". Auch aus diesem Verständnis können für den Aufbau von „Pfarreien neuen Typs" wertvolle Einsichten gewonnen werden. Darum soll hier wenigstens kurz diese Perspektive eingebracht werden.

Die Kirche ist die „eine" – und damit jede Form von Kirchenspaltung eine offene Wunde am Leib der Kirche. Sie ist als die eine aber auch nicht verstehbar als das Projekt einer bestimmten gesellschaftlichen Gruppe oder Schicht. Als die eine Kirche darf sie sich nicht zufriedengeben mit einer Verengung auf bestimmte gesellschaftliche Milieus. Der gegenwärtige Trend zur „Verkernung" unserer Gemeinden bedroht die Kirche darum ganz unmittelbar in ihrem theologischen Wesenskern. Will man dem begegnen und Kirche wieder öffnen auf verlorengegangene Milieus hin, dann wird man gut daran tun, die Grenzen der Pfarrei immerhin so groß zu ziehen, dass es eine realistische Chance dafür gibt, dass sich in einer solchen Pfarrei verschiedene gesellschaftliche Milieus nebeneinander entwickeln können. Natürlich muss es für verschiedene gesellschaftliche Milieus auch unterschiedliche Orte und Ansprechpartner, Angebote und Entwicklungsmöglichkeiten geben, was für eine je individuelle Profilierung von Gemeinden und Kirchorten spricht. Nicht überall muss es blühende Jugendarbeit geben, aber wo man auf Jugendarbeit setzt, sollen Jugendliche sich auch in den Räumen (auch in den Kirchenräumen) zu Hause fühlen. Nicht jede Gemeinde braucht einen guten Kirchenchor. Aber wo man auf die geistliche Prägekraft der Kirchenmusik setzt, da sollten Kulturliebende und Kulturschaffende ein Klima vorfinden, wo sie sich gerne beheimaten. Im Gesamt dieser teilweise sehr unterschiedlichen Kulturen mag dann ein Bild davon entstehen, was mit der Einheit der Kirche (und der Einheit der Pfarrei) gemeint ist: nämlich keine Uniformität, sondern ein pluriformes Zueinander unterschiedlicher Glaubens- und Lebensstile, die sich finden im gemeinsamen Bekenntnis des Glaubens.

Die Kirche ist die „heilige Kirche", weil sie vom Wesenskern her nicht Zusammenschluss von Gleichgesinnten, sondern vom Herrn Jesus zusammengerufene Gemeinschaft ist (vgl. Hochgebet: „Wir danken Dir, dass Du uns gerufen hast, vor Dir zu stehen …"). Ihre Mitte findet sie darum in Jesus Christus und lebt aus seinem Wort.

Für die „Pfarrei neuen Typs" bedeutet das, dass sie nur eine Form von Zentralisierung kennen darf: die um das Wort Gottes und die sakramentale Gegenwart des Herrn in der Eucharistie. Alle Pastoralkonzepte, alle pastoralen Programme haben sich daran zu messen, inwiefern es mit ihrer Hilfe gelingt, diese entscheidende Wahrheit glaubwürdig gegenwärtig zu setzen. Kirchliche Strukturen, die zu viel Aufmerksamkeit für sich selbst beanspruchen, müssen von daher kritisiert und reformiert werden. Natürlich braucht es transparente und effiziente Kommunikations- und Entscheidungswege. Aber die Freude am Wort Gottes, an der Begegnung mit Gott in der Liturgie und im Dienst für den Nächsten darf darüber nicht in den Hintergrund treten.

Die Kirche ist „apostolisch", weil sie nicht nur die Gemeinschaft der vom Herrn Gesammelten, sondern auch der von ihm Ausgesandten ist. Kirche hat den spezifischen Auftrag, das Wort Gottes der Welt zu verkünden. Eine Gemeinde, die sich nicht gesandt weiß, im guten Sinne missionarisch tätig zu werden, verliert auf Dauer ihre Daseinsberechtigung. Lange Zeit hat man diese missionarische Dimension von Kirche praktisch nurmehr in der Glaubensweitergabe an die nächste Generation gesehen bzw. in Gebet und Spende für die Missionsarbeit in der sogenannten Dritten Welt. Längst ist uns aber deutlich geworden, dass wir keineswegs mehr in einer christentümlichen Gesellschaft leben. Je weniger aber christliches Gedankengut als bekannt vorausgesetzt werden kann, umso wichtiger wird es für die Christen, sich und ihre Botschaft wieder verständlich zu machen in einer Sprache, die auch in der heutigen Gesellschaft verstanden wird. Das setzt für die Entwicklung der Pastoral in einer Pfarrei voraus, dass es gegenüber der Gesellschaft sprachfähige Gesprächspartner gibt und auch die entsprechenden Kommunikationsmittel, um sich verständlich zu machen. Wieder wird man sagen müssen, dass Aufbau und Pflege zum Beispiel einer Homepage im Internet, aber auch nur das klassische Medium eines in die Haushalte verteilten Pfarrbriefs einer gewissen Professionalisierung bedürfen, die in einer größer gedachten Einheit zumindest leichter erreicht werden kann als in einer kleinen.

Schließlich ist die Kirche „katholisch" („das Ganze umfassend" – durchaus im nichtkonfessionellen Sinne), insofern sie sich nicht auf die vorfindliche Gemeinde (oder Pfarrei) beschränken lassen darf, sondern in lebendigem Miteinander mit der gesamten Christenheit steht. Der Weg in die sektenhafte Vereinzelung steht der Kirche nicht offen. Die Gründung der „Pfarrei neuen Typs" auf und in den zu ihr gehörenden Gemeinden wehrt dem Missverständnis, man hätte als Christ an seiner eigenen Gemeinde genug. Stattdessen übt die neue Struktur ein, dass man zwar einiges, aber nicht alles für das christliche Leben Notwendige im Umfeld des eigenen Kirchturms finden kann. Für anderes muss man sich bewegen und in der Bewegung erfahren, dass es geradezu einen Reichtum bedeuten kann, zu erfahren, was Katholizität an Weite und Vielfalt bedeuten kann. Nicht verschwiegen sei, dass umgekehrt die Katholizität einer „Pfarrei neuen Typs" auch der kirchlichen Verwaltung einiges abverlangen wird. Sie wird toleranter mit einer größeren Vielfalt der Glaubensstile rechnen und aushalten lernen müssen, dass die Möglichkeiten zum „Durchgreifen von oben" in der großen Pfarrei eher geringer sein werden als heute.

6. In persona Christi capitis: Priesterliches Dienstamt

Von Andreas Unfried

Es kann hier in diesem Zusammenhang nicht um eine umfassende Theologie des priesterlichen Amtes gehen. Doch ist es andererseits augenfällig, dass eine Auseinandersetzung mit der gegenwärtigen Umbruchphase der kirchlichen Sozialgestalt in unserem Land nicht an diesem Aspekt vorbeigehen kann. Schließlich ist der grassierende Priestermangel mindestens eine (viele würden sogar sagen: die entscheidende) treibende Kraft hinter allen Umbrüchen und Abbrüchen. Vom Priestermangel redet man in der deutschen Kirche schon solange ich denken kann. In meiner Jugend meinte man damit allerdings Situationen, in denen in einer Gemeinde kein Kaplan mehr eingesetzt werden konnte oder wo ein Pfarrer sich genötigt sah, die Nachbargemeinde in Personalunion mit zu übernehmen. An Situationen, als Pfarrer die Leitung von acht oder sogar mehr Gemeinden übernehmen zu sollen, hätten selbst wir kritische Studenten während unseres Studiums noch nicht geglaubt, gaben uns stattdessen der Erwartung hin, dass die organisatorischen Sachzwänge über kurz oder lang ein theologisches Umdenken erzwingen würden, was die Zugangswege zum Weihesakrament bzw. die Aufgaben und Vollmachten der Laientheologen betrifft. Stattdessen haben wir in den vergangenen 20 Jahren erlebt, wie ein immer größerer Pragmatismus in der Ausgestaltung der praktischen Seelsorge einherging mit einer deutlich restaurativen Tendenz in der offiziellen Theologie. Auf die Veränderungen, die das Berufsbild der Laientheologen dadurch erfuhr, wird im nächsten Kapitel einzugehen sein. Hier soll zunächst das Augenmerk auf den Priesterberuf gelenkt werden.

Das Wesen des Priesteramts in der Kirche beschreibt das Lexikon der katholischen Dogmatik in der Aufnahme der Lehraussagen des Zweiten Vatikanischen Konzils („Lumen Gentium“ und „Presbyterorum ordinis“) als ein hierarchisch gegliedertes Dienstamt in der Kirche in den Dimensionen Verkündigung, Heiligung (durch die Feier der Sakramente) sowie der Leitung der Gemeinde und von Einzelnen. In diesen Bereichen wirken die Priester im Auftrag des Bischofs zum Wohle der Gemeinden. Seinen Sinn findet das priesterliche Amt im Dienen. Der Priester kann in doppelter Hinsicht als Repräsentant gesehen werden: Einerseits repräsentiert er der Gemeinde gegenüber Jesus Christus (Handeln „in persona Christi capitis“), andererseits repräsentiert er der Gesellschaft gegenüber die Kirche. Die Akzentuierung des Priestertums als Opferpriestertum wurde vom Konzil durch dessen Einbettung in das umfassender verstandene Dienstamt eher zurückgenommen (und damit in seiner kontroverstheologischen Sprengkraft entschärft). In abgeleitetem Sinne (unbeschadet der einzigen Mittlerschaft Christi) darf der Priester dennoch weiterhin als „Mittler“ gelten (Lumen Gentium 14).

Nun ist zu beobachten, dass die nachkonziliare Praxis des priesterlichen Dienstes eine zunehmende Verengung erfahren hat. Waren die Dimensionen des Priesters als Mittler und als Repräsentant von vornherein eher Nebenaspekte des vorherrschenden Priesterbilds des Gemeindeleiters, so hat sich über die Jahre auch darin noch einmal eine immer stärkere Fokussierung auf das Charisma der Leitung ergeben. Dies wäre womöglich zu verschmerzen gewesen, hätte es nicht durch die Not erzwungen auch innerhalb dieses eingeschränkten Priesterbilds zusätzlich noch einmal eine Verengung auf einen (wenngleich zentralen Aspekt) priesterlichen Handelns gegeben, nämlich auf das Charisma der Leitung hin. Der Pfarrer, der nolens volens in Gehorsam gegenüber seinem Bischof und aus Verantwortungsgefühl für die Gemeindemitglieder die Seelsorge in der zweiten und meist bald der dritten Pfarrei übernahm, tat es beinahe immer „unter Beibehaltung seiner bisherigen Aufgaben" und (was folgenreicher war) in Beibehaltung der gleichen Vorstellung vom priesterlichen Dienst. Wer sich bisher als Seelsorger seiner Gemeinde verstanden hatte, der wollte dies nun auch für zwei oder mehr Gemeinden sein. Die zusätzlichen Termine im Kalender versuchte man mit besserem Zeitmanagement in den Griff zu bekommen bzw. dadurch, dass man sich Mühe gab, pastorale Felder zu vereinheitlichen. Statt bei einem Pfarrfest präsent zu sein, ging der Pfarrer jetzt auf drei. Vielleicht blieb er dort nicht mehr so lange wie früher, was ihm dann den Vorwurf eintrug, er habe kein rechtes Interesse mehr an seiner Gemeinde. Statt ein Mitarbeiterfest für die Ehrenamtlichen auszurichten, versuchte der Pfarrer es nun mit mehreren, bei denen man ja das Unterhaltungsprogramm angleichen konnte (mit ähnlichen Ergebnissen wie oben; der Versuch, es allen recht zu machen, lief – und läuft – so auf tragische Weise ins Leere). Verstärkt wurde und wird diese Entwicklung (die ja keineswegs abgeschlossen ist) durch die Bildung größerer Pastoraler Räume oder Seelsorgeeinheiten und den ständigen Druck der Strukturdiskussionen. Aus dem Gemeindepfarrer wurde so der priesterliche Leiter. Natürlich feiert der auch weiterhin Gottesdienste – aber bitte nicht länger als 55 Minuten. Die nächste Gemeinde wartet. Natürlich ist er weiterhin in der Verkündigung tätig – aber aus Zeitmangel muss es öfters schon mal die Predigt von vor drei Jahren tun. Natürlich steht er weiter für persönliche Seelsorgsgespräche zur Verfügung – aber man muss halt erst einmal einen Termin bei ihm ergattern respektive genug Mut aufbringen, den Pfarrer, der ja so wenig Zeit hat, mit den eigenen Anliegen zu belästigen.

Nimmt es wunder, dass diese Entwicklung, ganz abgesehen von der Zölibatsdiskussion, dem Priesterberuf nicht zuträglich sein kann? Welcher junge Mann, selbst wenn er die Herausforderung eines ehelosen Lebens um des Himmelreiches willen für sich annehmen möchte, sollte in der gegenwärtigen Gestalt des Priesterberufs eine attraktive Perspektive für sein Leben und einen persönlichen Weg der Nachfolge Jesu sehen? Muss man sich darum wundern, dass von den wenigen Priesterkandidaten und jungen Priestern heute immerhin eine ganze Reihe sich nicht auf die Rolle des priesterlichen Leiters festlegen lassen wollen (und womöglich auch nicht viel Talent in dieser Beziehung besitzen), was andererseits die prekäre Situation für die Bistumsleitungen noch verschärft?

Ich möchte mit diesen Überlegungen nicht dahingehend missverstanden werden, dass man sie als Argument für die Beibehaltung des Pflichtzölibats hernehmen könnte. In der Tat fehlen unserer Kirche heute Priester. Und genauso unabweislich gibt es in unserer Kirche weiterhin eine ganze Anzahl junger Menschen, die vielfältige Gnadengaben des Heiligen Geistes in sich tragen, die fruchtbar gemacht werden könnten, wenn sie auch dazu die nötige Ausbildung und den nötigen Auftrag der Kirche bekämen. Allen Versuchen zum Trotz, die Diskussion um den Pflichtzölibat und erweiterte Zugangswege zum Priestertum für beendet zu erklären, halte ich fest daran, dass eine Kirche, die so handelt, in Gefahr steht, sich dem Anruf des Heiligen Geistes zu verweigern. Allerdings liegen die Dinge längst nicht so klar und eindimensional, dass mit der Aufhebung des Pflichtzölibats auf einmal alle kirchlichen Probleme behoben wären. Für die beklagenswerte Verengung des Priesterbilds auf den leitungsstarken Organisator von Großpfarreien kommt allerdings unabhängig von der Diskussion um die Zugangswege zum Priestertum eine andere Perspektive in den Blick: Die Bildung von – dezentral organisierten – Großpfarreien setzt eine namhafte Zahl von Priestern frei für eine andere Ausprägung ihres priesterlichen Dienstes. Es wird zukünftig neben den leitenden Pfarrern eine erhebliche Zahl von „mitarbeitenden Priestern“ geben. Bisher gibt es wenig Praxis, was die Berufsrolle dieser priesterlichen Mitarbeiter anbetrifft. Im Pastoralteam der hauptamtlichen Seelsorgerinnen und Seelsorger werden sie Kollegen von Pastoral- oder Gemeindereferenten und -referentinnen sein. Dennoch wird die Priesterweihe ihren Dienst immer auch abheben von dem der anderen. Es bestünde so zumindest die Chance, derzeit wenig akzentuierte Dimensionen des Priestertums zurückzugewinnen, sei es in Bezug auf die Einzelseelsorge oder für die Repräsentanz von Kirche in säkularen Feldern der Gesellschaft. Nicht zuletzt könnte für die würdige und sprechende Feier der Liturgie neues Terrain gewonnen werden.

7. Diener eurer Freude – Vom Zusammenspiel der Dienste und Ämter

Von Mathias Wolf

Paulus hatte über seine und die Tätigkeit seiner Mitarbeiter in der Verkündigung formuliert: „Wir wollen ja nicht Herren über euren Glauben sein, sondern wir sind Helfer zu eurer Freude; denn im Glauben seid ihr fest verwurzelt“ (2 Kor 1,24). Diese Willensbekundung nimmt auch die hauptamtlich in der Kirche Tätigen von heute in die Pflicht. Den Gemeinden Helfer zur Freude sein ist so etwas wie das paulinische Berufsethos für Amtsträger der Kirche (siehe auch unter „Wie kann's weitergehen? – ein Ausblick“).

In den letzten Jahren kann man sich des Eindrucks nicht erwehren, dass die Amtsträger der Kirche eher mit sich und der Abgrenzung ihrer Zuständigkeiten und Vollmachten beschäftigt sind und dieses Ziel schon längst aus dem Blick verloren haben.

Die Kirche ist im Auftrag Jesu Instrument und Zeichen des Heils für die Menschen.[1] Indem Amtsträger in der Vollmacht Jesu und der Kirche handeln, soll dieser sakramentale Charakter der Kirche erfahrbar und deutlich werden. In den Sakramenten wird das Heil für die Menschen wirksam gegenwärtig. Das gilt es in der „Pfarrei neuen Typs“ wieder stärker in den Mittelpunkt zu rücken. Hierfür wird es auch weiterhin Amtsträger brauchen. Ihr Mangel ist deshalb so schmerzlich, weil Gottes Heilswirken an den Menschen dann immer weniger konkret sakramental erfahrbar wird. Je mehr das Priesteramt aus der Kirche verschwinden wird, umso mehr werden sich

1 Vgl. 2. Vatikanum, Lumen Gentium, 1.

vermutlich andere Ämter (vielleicht im Sinne des CIC c. 145) herausbilden. Eine interessante Entwicklung wird uns hier bevorstehen. Entscheidend wird sein, dass die Erfahrung der Sakramentalität der Kirche selbst dabei nicht verlorengeht.

Die Pfarrei in neuer Struktur bietet die Chance, die vielfältigen hauptamtlichen Dienste und Ämter der Kirche positiv von ihren Befähigungen her und nicht – wie bisher zu oft – von ihren Defiziten aus zu bestimmen. Das je Eigene der Dienste und Ämter könnte so besser hervortreten. Nicht mehr einer/eine ist für alles zuständig, sondern die Dienste und Ämter können differenzierter betrachtet werden.

Der *Dienst des Priesters* könnte es sein, in der Pfarrei beständig daran zu erinnern, dass wir Volk Gottes nicht aus uns selbst sind, sondern dass wir von Gott zu seinem Volk gerufen sind. Priester als Pfarrer handeln in besonderer Weise „in persona Christi capitis“ und nehmen Leitungsverantwortung wahr (siehe das vorherige Kapitel). *Diakone* könnten durch ihre Mitarbeit in der Pastoral verdeutlichen, dass die christliche Gemeinde nicht sich selbst genügen kann, sondern immer wieder den Blick weiten muss und für andere da ist. Und die *pastoralen Mitarbeiter* in den unterschiedlichsten Berufsgruppen könnten je nach Ausbildung und Befähigung das frühchristliche Amt des „Lehrers“ wieder zum Leben erwecken und Ehrenamtliche im Glauben schulen sowie im Dienst an der „koinonia“ (Gemeinschaft) der Gemeinde wirken.[2]

Vielleicht wäre diese klare Umschreibung auch eine Hilfe, um wieder mehr junge Menschen für eine berufliche Perspektive als Laie in der Kirche zu gewinnen. Im Übrigen könnte hier auch eine Chance für den Priesterberuf verborgen sein, weil er in seinem Erscheinungsbild vielfältiger wird. Priester

---

2 vgl. hierzu im Detail die Überlegungen von B. J. Hilberath, Zwischen Vision und Wirklichkeit, Würzburg, Echter 1999.

sein muss nicht heißen Pfarrer sein. Der priesterliche Mitarbeiter in einem großen Team ist nicht notwendigerweise der Manager eines Großgebildes. Diejenigen allerdings, die Pfarrer sein werden, brauchen dafür neben der persönlichen Befähigung auch eine entsprechende Ausbildung und Erfahrung in der Leitung.

Das Personal wird in den Pfarreien neuen Typs ganz unterschiedlich eingesetzt werden. Da werden einige auf Ebene der Pfarrei bestimmte Aufgaben eher kategorialer Natur übernehmen, andere werden stärker auf die Gemeinde am Ort bezogen tätig sein oder wieder andere beides miteinander verbinden.

Es wird in der „Pfarrei neuen Typs" mit ihrer Größe und einer Vielzahl von Kirchorten sicher nach wie vor Menschen brauchen, die sich im guten Sinn in ihrem Bereich „kümmern" und die dort vor Ort das „Gesicht" der Kirche sind, sei es territorial oder kategorial gemeint. „Bezugspersonen", die Verantwortung an einem Kirchort übernehmen, könnten dabei folgende Aufgaben übernehmen:

1. *Erstansprechpartner für seelsorgliche Fragen*
   Bereitschaft zum Einzelgespräch
   Erstansprechpartner für pastorale Belange (Clearing-Funktion: Wo gehört das Anliegen hin?)

2. *Fester Ansprechpartner für den Ortsausschuss*
   Teilnahme an den Sitzungen des Ortsausschusses (in der Regel aber nicht an evtl. Vorbereitungstreffen oder Untergruppen)
   Gewährleistung der Kommunikation zum Pastoralteam/Pfarrer
   Hilfestellung zur Entwicklung einer selbsttragenden Pastoral am Kirchort
   Förderung von Charismen

Organisation von Kommunikation und gegebenenfalls Konfliktmanagement
Erstansprechpartner für vom Verwaltungsrat mit Gattungsvollmacht versehene lokale Verantwortliche

3. *Erstansprechpartner für Sekretärin im Gemeindebüro, Küster und Organist*
Vertreter des dienstvorgesetzten Pfarrers für Absprachen über Büroöffnung, Urlaubsvertretung
Erstansprechpartner für pastorale Belange (Clearing-Funktion: Wo gehört das Anliegen hin?)

4. *Repräsentative Aufgaben*
Erstansprechpartner für ökumenische Kontakte vor Ort
Wahrnehmung repräsentativer Aufgaben auf lokaler Ebene, soweit dies nicht durch den Ortsausschuss gewährleistet werden kann.

Auf Dauer wird es nicht möglich sein, dass solche „Bezugspersonen" sämtlich hauptamtlich sind. Hier ist eine gute Vorbereitung und Begleitung für diesen Dienst am jeweiligen Kirchort nötig. Anregungen zur praktischen Umsetzung können sicher die Entwicklungen in einigen französischen Diözesen (wie Poitiers) geben.

8. Der mitteleuropäische Sonderweg: Hauptamtliche Laien und arbeitsteilige Seelsorge

Von Andreas Unfried und Daniel Dere

Theologisch ausgebildete Laien mit Hochschuldiplom, die hauptamtlich von der Kirche beschäftigt werden – so etwas gibt es in der katholischen Kirche auf der ganzen Welt nur in sehr seltenen, ausgewählten Situationen, nämlich da, wo erstens die Gesellschaft entsprechend wohlhabend und entwickelt ist und zweitens die Kirche selbst über entsprechende finanzielle Mittel verfügt. Den Berufsstand, der das Leben unserer Gemeinden gegenwärtig entscheidend prägt, gibt es fast ausschließlich in Mitteleuropa, genauer in Deutschland, Österreich und der Schweiz. Dafür muss man andererseits klar und deutlich sagen, dass der Beruf der Pastoralreferentinnen und -referenten sowie der schon ältere Beruf der Gemeindereferentinnen und -referenten in den vergangenen Jahrzehnten ein wahrer Segen für unsere Pastoral geworden ist. Katechese zur Erstkommunion oder Firmung, aber auch weithin die Trauerpastoral, manchmal auch Taufpastoral und Ehevorbereitung sind in vielen Gemeinden ohne hauptamtliche Laientheologen derzeit schlechthin kaum denkbar. In bemerkenswerter Weise haben sich diese theologisch und pädagogisch hervorragend ausgebildeten und von der Kirche ausgesandten Laien auf die Aufgaben vor Ort eingestellt und immer wieder umgestellt. Man kann nicht eben sagen, dass sie dabei mit Lob und Zuspruch überschüttet worden wären. Den Gemeindemitgliedern erschienen sie oft genug als Notnagel und Ersatzlösung. Der kirchlichen Obrigkeit waren und sind sie immer wieder latent verdächtig, das kirchliche Amt zu unterwandern (was die gleiche Obrigkeit aber nicht daran hindert, in der Praxis eben denselben Personen immer weitergehende, ehemals priesterlich verstandene Aufgaben zu übertragen).

In allem gesellschaftlichen Wandel und in der Krise des priesterlichen Amtes stellen Pastoral- und Gemeindereferentinnen und -referenten so etwas wie das stabilisierende Moment dar. Sie bleiben als Bezugsperson vor Ort, wo der Pfarrer aus der Nachbarschaft bloß immer wieder einmal vorbeikommen kann. Sie springen in die Lücken, die sich immer weiter auftun. Sie übernehmen sogar Leitung, wo der Bischof seiner Leitungsverantwortung nicht mehr durch Entsendung eines Pfarrers nachkommen kann. In manchen Diözesen ist der „Notparagraph" can. 517 § 2 CIC in dieser Hinsicht ausgelegt worden, dass man auf Dauer vakante Pfarreien einem sogenannten „Pfarrbeauftragten" übertrug gemeinsam mit einem „Leitenden Priester", der für die Sakramentenspendung verantwortlich zeichnen sollte. Auch in Bezug auf diese – in unserem Bistum über einige Jahre großzügig verfolgte Praxis – wird man sagen können, dass der Dienst der Laientheologen der Kirche gutgetan hat.

Allerdings gibt es ein „Aber", von dem hier auch die Rede sein muss, wenngleich es den handelnden Personen – wenn überhaupt – nur in eingeschränktem Sinne zur Last gelegt werden kann. Ursprünglich ja nur für eine begrenzte Zeit vorgesehen (und womöglich da und dort auch in der Erwartung, dass sich die großkirchliche Lage entscheidend in Richtung Reformen ändern könnte), haben sich die Gemeindeleitungen nach can. 517 § 2 immer mehr zu Dauerlösungen im Sinne einer alternativen Form der Gemeindeleitung entwickelt. Als solche wirkten sie zwar einerseits erhaltend auf das interne Gemeindeleben, aber andererseits ebenfalls in den meisten Fällen strukturkonservativ, was die Notwendigkeit zur Kooperation bzw. zum Zusammengehen von Gemeinden anbetraf. „Wir müssen doch gar nicht kooperieren", erklärten mir nicht nur einmal Pfarrgemeinderäte in solcher Situation: „Wir haben doch unseren Pastoralreferenten." In den seltensten Fällen werden es die betroffenen Seelsorger darauf angelegt haben, faktisch aber entwickelten sich diese heimlichen Gemeindeleiter zu so etwas wie dem „Landpfarrer" alter Prägung: zum unumschränkten Herrscher über sein kleines Reich, keinem verpflichtet als dem lieben Gott alleine.

Etwas überzogen ließe sich auch vom „süßen Gift der Hauptamtlichkeit" sprechen. „Süß", weil es im Konkreten an vielen Stellen ausgesprochen hilfreich war und ist und das katechetische Niveau der Gemeinden, aber oft auch die übrige Verkündigung und auch die diakonische Pastoral gestützt und gestärkt hat. „Gift", weil dies die Gemeinden über die Jahre insgesamt nicht reicher an Gnadengaben gemacht hat, was aber niemandem auffallen brauchte, solange der oder die Hauptamtlichen sich ja um alles kümmerten. Wie sehr dieses „Gift" eine langfristig lähmende Wirkung entfaltet, ist von Ort zu Ort unterschiedlich. Dennoch bleibt die Wirkung fast überall gleich – das „Placebo" der laientheologischen Mitarbeiterinnen und Mitarbeiter in seiner bisherigen Form hat die zunehmend überalternden Kerngemeinden in eine trügerische Ruhe versetzt, dass es um ihre Kirche gut bestellt sei, weil sich ja zumindest noch einer/noch eine hinreichend kümmert. Diesen Effekt zu bewerten wird in Zukunft eine der spannenden Fragen der modernen Kirchengeschichte sein.

Bereits heute ist allerdings längst absehbar, dass sich der derzeitige Personalstand in der Gemeindeseelsorge keinesfalls langfristig wird aufrechterhalten lassen. Zwar sind die Zahlen der Studierenden an den theologischen Hochschulen insgesamt in Deutschland stabil. Gleichzeitig begeistern sich jedoch von diesen Studierenden zunehmend weniger für einen pastoralen Dienst. Gerade die Berufsgruppe der an den Fachhochschulen ausgebildeten Gemeindereferentinnen und -referenten hat mit den stärksten Erosionen zu kämpfen. Aber auch an den Universitäten geht die Zahl der Bewerber für den Beruf der Pastoralreferentin/des Pastoralreferenten zurück. Liegen die Ursachen bei den Gemeindereferentinnen/-referenten noch eher deutlich auf der Hand (geringe Entlohnung bei sehr arbeitsintensivem Einsatz, bisweilen sogar gleichgesetzt zu den deutlich höher entlohnten Pastoralreferenten), ist dies für die Berufsgruppe der Pastoralreferenten nicht ganz so leicht zu begründen. Eine Beobachtung hierbei ist jedoch, dass die Rollenunklarheit des Berufes in seiner bisherigen Prägung junge Menschen zunehmend weniger anspricht. Junge Menschen wollen teamorientiert ihre eigenen Fähigkeiten einbringen und ausschöpfen. Das gelingt eben dort nicht, wo Laientheologen als „Allrounder" ohne eigenes Profil arbeiten müssen.

Auch sind die Entwicklungspotentiale in diesem Beruf seitens der arbeitgebenden Diözesen oft vollkommen unklar – eine Tatsache, die im vollkommenen Dissens mit einer Generation steht, die klar darauf ausgerichtet ist, immer nach neuen Entwicklungswegen für die eigene Persönlichkeit Ausschau zu halten. Fällt diese Perspektive aus, wird der Beruf wenig erstrebenswert – ein Faktum, mit dem alle sozialen Berufe zu kämpfen haben. Wie das in ihrem Grundwesen „Karrierefreie" der Kirche mit der eindeutigen Karriereorientierung junger Menschen in Einklang gebracht werden kann, wird eine Herausforderung zukünftiger kirchlicher Personalpolitik werden.

Überdies kämpfen einige Bistümer bereits heute mit ihrer finanziellen Ausstattung, wobei die Personalkosten meist einen Großteil der Probleme ausmachen. Es ist also zu erwarten, dass die Zahl der Laientheologen in der Gemeindeseelsorge tendenziell zurückgehen wird – womöglich rascher, als uns das lieb sein kann.

Damit stellt sich aber für diese Berufe eine neue, eigentlich alte Aufgabe. Denn von allem Anfang an zählte die Weckung und Förderung von Charismen in der Gemeinde zu den hehrsten Aufgaben der Pastoral. Weithin wurde das allerdings (von Pfarrern wie Laientheologen) als nachrangiges Ziel gegenüber der Entwicklung der Qualität der Pastoral insgesamt angesehen. Diese Priorität muss sich nun dauerhaft verschieben. Denn was nützt es einer Gemeinde, wenn sie einen ausgefeilten Firmkurs anbietet, der aber mit der Person des Pastoralreferenten und seiner theologischen und organisatorischen Kompetenz steht und fällt und beim besten Willen von niemandem in der Gemeinde ehrenamtlich übernommen werden kann? Soll man ernsthaft mit der Perspektive leben, bei einem Stellenwechsel des hauptamtlichen Laientheologen die Firmbewerber künftig weiterverweisen zu müssen? Wenn die Priorität auf das Thema Gemeindeaufbau gerichtet wird, dann muss der Ansatz grundlegend verändert werden: Aus den erfolgreichen Spielern müssen jetzt eben Trainer (oder zumindest Spielertrainer) werden. Das alte Motto der Montessori-Erziehung gewinnt in der Pastoral neue Bedeutung: Hilf mir, es selbst zu tun.

Allein, ein solch arbeitsmethodischer Wechsel kann nicht vom Himmel fallen. Lange Jahre wurden die hauptamtlichen Laien ja gerade zu den oben beschriebenen Organisatoren und Machern nicht nur aufgrund der Bedürfnisse der Pfarreien vor Ort gemacht, sondern ganz gezielt auch von den Personalabteilungen der Bistümer daraufhin ausgebildet. Wer als fachtheologischer Laie in den pastoralen Dienst trat, sollte nach Möglichkeit eine charismatische Allrounderin/ein charismatischer Allrounder sein. Zwischen Wiege und Bahre sollte den seelsorgerischen Mitarbeiterinnen und Mitarbeitern alles zuzutrauen sein. Letztlich orientierte sich die Ausbildungsanforderung weiterhin am Bild des omnipräsenten Ortspfarrers, der nun durch einen Laien ersetzt wurde.

Wenn es nun das Ziel sein soll, Laientheologen als Seelsorgerinnen und Seelsorger weniger prozessgestaltend, sondern vielmehr prozessbegleitend einzusetzen, muss sich dies auch in der Studien- und vor allem in der Ausbildungsstruktur dieser Berufe deutlich manifestieren. Die Gleichbehandlung aller Auszubildenden, wie sie bisherige diözesane Ausbildungsordnungen vorsehen, muss sich letztlich aufweiten zu deutlich individuelleren Ausbildungswegen, die von den Stärken und Charismen der oder des Einzelnen ausgehen. Gleichzeitig muss neben diesen individuellen Qualitäten die Zusammenarbeit in einem multivalent besetzten Pastoralteam eingeübt werden. Seelsorgerinnen und Seelsorger der Zukunft müssen neben persönlichem Charisma auch ein Teamcharisma zu entwickeln und zu verwirklichen vermögen. Die charismatischen Allrounder, die über die Jahre leider oft zu allumfassenden „Kümmerern" in ihren Gemeinden geworden sind, müssen sich zu Netzwerkern und Lehrern weiterentwickeln. In der Diskussion fällt hierbei in jüngster Zeit oft der Begriff des „ehrlichen Maklers", der dieses Anliegen gut charakterisiert. Die Basis dieser Entwicklung wird in der Ausbildung neuer Mitarbeiterinnen und Mitarbeiter gelegt werden müssen. Etablierte Mitarbeiterinnen und Mitarbeiter werden diesen Kulturwandel nur dann erfolgreich vollziehen können, wenn Mittel der Personalentwicklung für sie in einem zeit- und einsatzadäquaten Maßstab seitens der verantwortlichen diözesanen Stellen zur Verfügung gestellt werden. Ein herausforderungsintensives Feld, dass zumeist noch nicht stark genug in den Blick genommen worden ist.

Dennoch scheint der notwendige Aufwand lohnenswert: Diese Verschiebung oder Neuakzentuierung der pastoralen Arbeit könnte immerhin für die doch immer wieder mit Kritik überzogenen neuen Seelsorgsberufe in zweierlei Hinsicht Entlastung bedeuten:

Zum einen kann die latente Konkurrenzsituation zu den Ehrenamtlichen in der Gemeinde aufgelöst werden. Hauptamtliche tun nicht länger das, was eigentlich Grundanliegen der Gemeinde sein sollten. Gemeindeerhalt und Gemeindeaufbau sind losgelöst von der Person der oder des Hauptamtlichen zu betrachten, die nun nicht mehr „gegen Geld" nur das tun, wozu jeder getaufte und gefirmte Christ grundsätzlich aufgerufen ist. Vielmehr werden die Hauptamtlichen zu Begleitern und Motivatoren, die ihrem ursprünglichsten Dienst – Charismen zu wecken und zu fördern – wieder mehr gerecht werden.

Zum anderen würde auch die Differenzierung der Berufsbilder zwischen Priestern und Laientheologen in der Seelsorge erleichtert und damit mögliche Konfliktfelder entschärft: Pastoral- und Gemeindereferentinnen und -referenten als „Lehrer" der Gemeinden hätten ein ganz eigenes Gepräge und ein deutliches Alleinstellungsmerkmal. Mit diesem können sie sich qualifiziert in ein Pastoralteam einbringen, in dem die verschiedensten Ämter und Dienste in gegenseitiger Ergänzung und nicht in Konkurrenz zusammenkommen.

Noch in anderer Hinsicht erfordert die neue Situation allerdings ein Umdenken in der Berufsrolle. Wie vom Priester der Abschied von der Allzuständigkeit und Alleinzuständigkeit gefordert ist, so auch für die Laientheologen in der Seelsorge. Die neue Struktur der Großpfarrei wird natürlich und wesenhaft eine Untergliederung in lokale Substrukturen (Kirchorte, Gemeinden) erfordern. Diese sind aber etwas anderes als die ehemalige Pfarrgemeinde, mit der sie womöglich territorial identisch sein werden. Konnte man Letztere begreifen als Einheit und Gesamtheit, der leider augenblicklich aus nicht von der Gemeinde verschuldeten Gründen kein Priester zugewiesen werden konnte, so ist die neue Einheit ein Teil eines Ganzen. Ihre Identität und Eigenart sind also einerseits zu pflegen, andererseits aber auch in gewisser Weise zu relativieren. Zum Beispiel dergestalt, dass man in der einen Pfarrei über die Gemeindegrenzen hinweg arbeitsteilig zusammenarbeitet. Konzepte für seelsorgliche Arbeitsfelder müssen gesamtgemeindlich erarbeitet und lokal dann auch mitgetragen werden. Das setzt bei allen Beteiligten und insbesondere bei hauptamtlichen Laientheologen als Bezugspersonen vor Ort Teamgeist und einen gewissen Blick für das Ganze voraus – Eigenschaften, die teilweise erst neu eingeübt werden müssen, weil sie insgesamt in der Seelsorge bisher eher unterentwickelt geblieben sind.

Eine arbeitsteilig wahrgenommene Pastoral eröffnet aber auch attraktive Möglichkeiten. So können die Arbeitsumschreibungen der einzelnen Seelsorger stärker an den persönlichen Stärken und Charismen orientiert werden und so eine stärkere Zufriedenheit im Beruf erreicht werden. Da wo Arbeitsfelder zumindest in ihren Grundzusammenhängen beschrieben werden können (Stichwort Arbeitsfeldbeschreibungen), wächst das Gefühl, sich mit der eigenen Professionalität deutlicher einbringen zu können. Durch solche Maßnahmen wird Verantwortung nachvollziehbar beschrieben. Jeder Mitarbeiter, jede Mitarbeiterin weiß um seinen bzw. ihren Anteil.

Damit wird gleichzeitig auch die alte Zwickmühle der Frage nach der Qualität aufgelöst. Wo Laientheologen Verantwortung für die Katechese übernommen haben, ist der qualitative Anspruch an diese oft so sehr gewachsen, dass Ehrenamtliche diesen nicht mehr erfüllen konnten und den katechetischen Dienst zunehmend Hauptamtlichen überlassen wollten oder zum Teil sogar mussten. Das Ergebnis war vielerorts eine tatsächlich hochqualitative Katechese, die aber den allergrößten Teil der Gläubigen auf die Rolle der Zuhörenden reduziert hat. Die Qualität von Katechese muss sich aber nicht nur an ihrem Inhalt, sondern auch an ihrem Effekt messen lassen. Katechese muss „getan“ werden – das ist Grundvollzug des Glaubens und Herausforderung aller Gläubigen. Insofern muss Katechese wieder stärker dialogisch werden, viele einbeziehen und herausfordern. Ein neuer Gemeindeaufbau wird also neben der inhaltlichen Qualität der Katechese auch ihre Dialogfähigkeit berücksichtigen müssen. Beides im Blick zu behalten kann eine vornehme Aufgabe für laientheologische Mitarbeiterinnen und Mitarbeiter in den neuen Gemeinden sein.

Orientierung an der Priorität des Gemeindeaufbaus befreit zudem vom Druck, alles selbst und alles jederzeit machen zu müssen. Der Kirchort ist nicht schon die Pfarrei. Es muss nicht überall vor Ort alles vorhanden sein, was man sich von einer Pfarrei wünschen kann. Manches darf Zeit haben, sich zu entwickeln. Für anderes darf man guten Gewissens auf den Kirchort in der Nachbarschaft verweisen. Manches wird so vielleicht überhaupt erst lebensfähig werden, indem nur in der Kooperation eine genügend große Gruppe zusammenkommt, die ein Anliegen auf Dauer tragen kann.

Es wäre ein hehrer Anspruch, dass die „Großpfarrei“ allein schon die Probleme und Herausforderungen der hauptamtlichen laientheologischen Mitarbeit lösen könnte. Aber im Werden dieser neuen Sozialgestalt der Kirche liegen, wie dargestellt, zweifelsohne gewaltige Chancen. Aus dem einstmaligen „Placebo“ für die weggefallenen Priesterstellen kann jetzt ein tatsächlich eigenständiger Beruf werden. Vernetzung, Motivation, theologische Qualifikation und authentisches Glaubenszeugnis werden dabei die Kernaufgaben und werden damit integral die priesterlichen Dienste, die ebenso massiven Veränderungen gegenüberstehen, ergänzen. Damit ist auch klar, dass eine sich so verändernde Kirche auf Sicht nicht auf ihre hauptamtlichen laientheologischen Mitarbeiter wird verzichten können und wollen. Erst im ergänzenden Zueinander von einerseits Ämtern und Diensten, andererseits auch der ehrenamtlich Tätigen wird Kirche wieder zu sich selbst finden. Die Zukunftssicherung dieser Vision ist allerdings auch massiv darauf angewiesen, dass sich das kirchliche Personalwesen für diesen Bereich öffnet und dementsprechend verändert. Das Selbstbild des hauptamtlichen laientheologischen Mitarbeiters wird demnach weniger auf seine Person im Sinne eines „Allrounders" gestützt sein. Eingebettet in ein Team wird das Gelingen der Pastoral vor Ort weniger von der charakterlichen Qualifikation und Arbeitsmotivation des einzelnen Mitarbeiters abhängig sein als bisher, wenngleich persönliches Charisma und Hingabe weiterhin und unaufgebbar sein werden für jeden, der sich mit seinem beruflich-berufenen Leben in den Dienst Jesu Christi stellt. Letztlich wird es gerade diese letztgenannte Perspektive sein, die entscheidet, ob die sich zukünftig kategorialer verstehenden laientheologischen Mitarbeiter zu losgelösten Fachidioten verkommen oder – und das ist die begründete Hoffnung – zu Lehrern und Zeugen des Glaubens inmitten einer weiten christlichen Gemeinschaft werden.

9. Die sitzende Kirche – Die Gremien: unser Untergang?

Von Andreas Unfried

Bei meiner Präsentation der von uns angestrebten Veränderungen im Zuge der Pfarreiwerdung in verschiedenen öffentlichen Veranstaltungen hatte ich immer eine Folie dabei, die darstellte, in welchen synodalen Gremien ich Präsenzpflicht haben würde, wenn wir nichts ändern würden. Als Pfarrer von acht Pfarrgemeinden wäre ich dienstlich verpflichtet, als synodaler Dialogpartner in acht Pfarrgemeinderäten zur Verfügung zu stehen. Nimmt man vorsichtig gerechnet für jede Pfarrgemeinde sieben Pfarrgemeinderats-Sitzungen pro Jahr an, ergibt das 56 Sitzungsabende. Natürlich gehört es zur guten Gepflogenheit, nicht nur an der Sitzung, sondern auch an der vorbereitenden Vorstandssitzung teilzunehmen, was die Zahl der Sitzungsabende gleich auf 112 verdoppelt. Meine Präsenzpflicht erstreckte sich natürlich auch auf den Verwaltungsrat mit, sagen wir, vorsichtig gerechnet zehn Sitzungen jährlich, womit wir bei zusätzlichen 80 oder insgesamt 192 Sitzungen wären. Mein Fazit an dieser Stelle der Präsentation war dann jedes Mal: „Wenn Sie wollen, dass wir uns künftig außerhalb des Gottesdienstes treffen, dann ändern Sie etwas an dieser Struktur.“

Daraus könnte man jetzt folgern, dass mir die synodale Mitverantwortung in der Kirche lästig wäre oder irgendwie egal, dass ich meinen könnte, das alles gehöre einer untergegangenen Epoche an und wäre das Sinnbild eines Ideals, das sich als wenig hilfreich und eben auch als zeitbedingt und bloß modisch erwiesen habe. Ich sagen Ihnen: Das Gegenteil ist der Fall! Es mag ja sein, dass die synodale Mitverantwortung in der Kirche historisch im Gefolge der Emanzipationsbestrebungen des 20. Jahrhunderts erkämpft worden ist. Keine Frage, dass die darin formulierten Ideale von Freiheit, Gleichheit und Transparenz der Entscheidungsfindung nicht genuin kirchlichen Traditionen folgen, sondern die Ideale der Aufklärung aufnehmen und innerkirchlich fruchtbar machen. Dennoch würde ich jederzeit bereit sein, diese Entwicklung als einen Glücksfall der Kirchengeschichte zu preisen. Die wirklichen Krisenzeiten der Kirche waren nämlich jene Epochen, in denen der Glaubenssinn der Gläubigen eben keine entsprechende Repräsentation in der Willensbildung der Kirche fand. Wer glaubt, das abendländische Schisma sei durch Luther und Calvin gekommen, verkennt, dass deren Reformation ein Antwortversuch auf katholische Missstände war und dass diese Reformation damals bei einer erkennbaren Reformbereitschaft der Kirche keineswegs zwangsläufig zu einer Kirchenspaltung hätte führen müssen. Demgegenüber hat die Kirche ihre besten Zeiten erlebt, wenn sie in der Lage war, die Willensbildung der Christgläubigen aufzugreifen und als Anruf des Heiligen Geistes zu verstehen. Die Entdeckung des synodalen Prinzips in der Kirche darf daher nicht als Hofknicks vor dem basisdemokratischen Zeitgeist denunziert werden. Sie ist in Wahrheit eine der wirklichen Errungenschaften des 20. Jahrhunderts. Und wenn auch zuzugeben ist, dass diese Errungenschaft nicht ausschließlich auf kirchlichen Wurzeln gründet, sondern im Gegenteil einen Gutteil ihrer emanzipatorischen Kraft dem aufklärerischen Zeitgeist des 19. und 20. Jahrhunderts verdankt, so ist doch festzuhalten, dass eine solche Entwicklung erstens nicht exklusiv für das 20. Jahrhundert gilt und zweitens jedenfalls zum Segen der Kirche geraten ist.

Bedenken Sie doch, dass der hl. Thomas von Aquin Aristoteles über die Vermittlung arabischer Philosophen kennenlernte, dass die gesamte Renaissance nicht ohne die Vermittlung arabischer Schriftgelehrsamkeit denkbar gewesen wäre. Und mag die Erklärung der Menschenrechte auch noch so klar dem biblischen Menschenbild entsprechen, wonach der Mensch gleich an Rechten und mit unveräußerlicher und unverlierbarer Würde erschaffen ist, so ist doch zuzugestehen, dass die Formulierung der Menschenrechte zunächst als Produkt der Aufklärung und Emanzipation des Menschengeschlechts und nicht als Projekt offizieller kirchlicher Politik gelten kann.

Aber zurück zu unseren Gremien und ihrer Sitzungskultur: Ich habe eingangs erwähnt, dass es mir nicht um eine Relativierung oder gar Überwindung des synodalen Prinzips geht. Es geht mir sogar um das genaue Gegenteil: Ich behaupte, dass das synodale Prinzip geradezu zum Überlebenskriterium für eine sich neu aufstellende Kirche inmitten einer sich weiter säkularisierenden Gesellschaft werden wird. Denn diese Kirche wird nur Überzeugungskraft gewinnen, wenn sie die Kritik Jesu beherzigt, der gefordert hat, die Christen sollten sich an den Worten der Schriftgelehrten orientieren, aber nicht an ihren Taten, die doch erkennbar hinter ihren Idealen zurückblieben. Ein kirchenkritisches Moment ist also der katholischen Kirche von vornherein inhärent. Es gehört zu unseren schönsten Möglichkeiten, nicht unkritisch alles über uns ergehen zu lassen, sondern „alles zu prüfen und das Beste zu behalten", wie Paulus es im ersten Thessalonicher-Brief fordert.

Es kann sinnvollerweise überhaupt nicht darum gehen, in der Vergangenheit erprobte Weisen der Mitbestimmung zu relativieren. Sie sind nicht Teil des Zeitgeistes der 68er, wiewohl sie Frucht deren Bemühungen sein mögen. Denn – auch darin sollten wir ehrlich sein: Für eine demokratische Kultur in der Kirche gab es niemals einflussreiche innerkirchliche Sachwalter. Diese Kultur wurde außerhalb der Kirche erkämpft und dann in sie hineingetragen. Deswegen muss sie aber noch nicht falsch sein – ja man darf sogar die Gegenthese wagen: Das „aggiornamento“ (die „Verheutigung“ der Kirche), wie sie Papst Johannes XXIII. vorschwebte, ist tatsächlich die erfolgreichste und sinnvollste Kirchenreform seit jener des Trienter Konzils im 16. Jahrhundert gewesen.

Im Gefolge hat die Kirche zumindest Anschluss an die Moderne gefunden. Sie kann auf Augenhöhe diskutieren, sowohl im philosophischen (inklusive des ethischen) Diskurs als auch in Fragen der Sozialpolitik oder in Bezug auf Grundwerte der Gesellschaft. Nach meinen Erfahrungen als Gemeindeseelsorger möchte ich sogar behaupten, dass die basisdemokratische Struktur der Beratungskultur im Rahmen des synodalen Prinzips die Zahl der Kirchenaustritte zumindest auf einem verkraftbaren Niveau gehalten hat. Bei Licht betrachtet, sind denn auch die Laien in den Gemeinden nicht das Problem, sondern die Lösung desselben. Sie sind nicht Störfaktor eines ansonsten reibungslos laufenden Betriebs („Was wäre die Pastoral so schön, wenn es die Leut’ nicht gäb“ – Stoßseufzer eines gremiengeplagten Pfarrers). Das heißt, wo sie es sind, da muss man dies als Problemanzeige ernst nehmen. Im andern Fall aber sind sie wichtiges Medium der Willensbildung an einer entscheidenden Schnittstelle zwischen Amt bzw. hauptamtlich dem Amt zugeordneten Mitarbeiterinnen und Mitarbeitern und dem Glaubenssinn der Gläubigen, dem das Konzil ja geradezu kirchenpolitische Macht zutraut.

Wenn die Kirche – und das ist meine Überzeugung – auf eine Zukunft zusteuert, die weder im klassischen Verständnis priesterlich geprägt sein wird noch im naiven Sinne von priesterlichen Ersatzformen leben wird, ja leben kann, dann ist es augenfällig, dass die synodale Mitverantwortung für die Kirche als wahrer Schatz nicht hoch genug eingeschätzt werden kann.

Mich persönlich beeindruckt, wie bruchlos die Synodalordnung unseres Bistums in eine erheblich veränderte kirchliche

Situation hinein übertragen werden kann, ohne dass Geist oder auch nur Buchstabe verändert werden müssten. Daher bin ich fern davon, das synodale Leitungsprinzip in der Kirche in Frage zu stellen. Im Gegenteil: Ich könnte mir vorstellen, dass eine weitergehende Demokratisierung der Kirche ihr nicht zum Schaden, sondern im Gegenteil zum Nutzen geraten würde – vorausgesetzt eine solche Wende geschieht aus ehrlicher Überzeugung und nicht aus taktischen Erwägungen.

Wenn also eine Organisationsstruktur im Gefolge von Konzil und Synoden eine solch außerordentliche Anpassungsfähigkeit beweist wie die Synodalordnung, dann spricht viel dafür, dass diese Ordnung nicht ohne Zustimmung des Heiligen Geistes verabschiedet werden konnte. Haben wir es aber hier tatsächlich mit einem Werk des Geistes (und nicht des Zeitgeistes) zu tun, dann erübrigt sich jeglicher Widerstand. Wer wollte dem Herrn selbst ins Handwerk pfuschen?!

Konkret heißt dies für die synodale Beratungsstruktur: Die „Pfarrei neuen Typs“ darf nicht zu einem Defizit in der synodalen Beratungskultur führen. Was alle angeht, muss weiterhin von allen beraten werden. Andererseits ist selbstverständlich zu überprüfen, wo es im synodalen Willensbildungsprozess unnötige und zeitraubende Prozessschleifen gibt. Letztlich dient dies auch der Mitarbeiterpflege, weil nicht einzusehen ist, dass ein ehrenamtlich engagiertes Gemeindemitglied zwangsläufig mit Sitzungspräsenz und Protokollführung überschüttet werden muss. Ein ressourcenorientierter Einsatz ehrenamtlichen Engagements wird demgegenüber stärker die Chancen und Talente des Einzelnen im Blick haben und notwendige Aufgaben gegebenenfalls in einem synodalen Gremium breiter verteilen.

In diesem Zusammenhang könnten die vielen Sitzungen unserer gemeindlichen Gremien geradezu zu einer Chance für ein Wachsen in synodaler, wertschätzender und ehrlicher Gesprächskultur werden. Ein konsequentes Verhalten von Priestern und hauptamtlichen pastoralen Mitarbeiterinnen und Mitarbeitern vorausgesetzt, bleibt dennoch ein Steuerungsbedarf seitens der Diözese, die das Verhalten der Seelsorger vor Ort, sich nur im Hintergrund zu halten, bestätigen und begründen muss. Dazu gibt es gewiss mannigfache Möglichkeiten, angefangen bei den Zielen des Konzils, die Berufung des Einzelnen in Taufe und Firmung stärker herauszuarbeiten, und nicht endend bei den pragmatischen Schwierigkeiten der Kandidatenfindung für die nächsten Pfarrgemeinderats-Wahlen.

10. Beteiligung braucht neue Formen: Die Überwindung des Sitzungskatholizismus

Von Daniel Dere

Wer schon einmal an der Durchführung eines durchschnittlichen Pfarrfestes beteiligt war, weiß genau, worin in Planung und Nachgang die Knackpunkte liegen.

Normalerweise ist ein solches Fest eine gewachsene Tradition – Ablauf, angebotene Speisen, Attraktionen und Organisationsstruktur: alles erprobt und für gut befunden. Ja, solche Feste sind, gerade im eher kleinstädtisch bis ländlich geprägten Bereich, sogar echte missionarische Chancen: Niemals sonst im Jahr kommen so viele Menschen auf einmal in Kontakt mit der örtlichen Pfarrgemeinde.

Und doch sind diese Feste das beste Exempel für zwei gegenläufige Entwicklungsstränge in der Beteiligung Ehrenamtlicher an den Angeboten von Kirche. Natürlich gibt es in der Pfarrgemeinde einen Festausschuss. Er trifft sich einige Male vor dem Fest und legt alles in bester Weise fest. Am Festtag selbst sind die Mitglieder des Ausschusses die Ersten und die Letzten – keiner geht, bevor nicht die letzte Zeltstange verräumt ist: Ehrensache.

Und dann, beim Feierabendbier im kleinen Kreis am Ende des langen Festtages, wird Bilanz gezogen: guter Besuch, mehr noch als im letzten Jahr! Die Bratwürste waren schnell weg – wir mussten sogar den Metzger herausklingeln für den Nachschub! Das wird ein guter Erlös für unsere Partnergemeinde in Lateinamerika werden! Es hat also alles bestens geklappt – wir könnten sehr zufrieden sein – wäre da nicht die bleibende Klage: „Wie soll all das in zehn Jahren klappen? Wir werden doch alle nicht jünger. Warum lassen sich die Eltern aus dem Kindergarten nicht für die Mitarbeit am Fest gewinnen? Wo sind denn all die Jungen, die am Bratwurststand lange Schlange standen?"

Diese Klage beschreibt am Beispiel des Pfarrfestes eine grundlegende Veränderung in der Beteiligungsstruktur unserer Gemeinden. Die klassische, oft synodal verfasste Ehrenamtlichkeit erlebt eine beständige Krise. Viele Gremien und Räte sind vor die Realität gestellt, dass sich gerade jüngere Menschen nicht mehr in der Weise engagieren wollen, die unseren Pfarreien nun einmal ureigen und konstitutiv ist. Doch was tun, wenn das bisher noch als konstitutiv geltende Element zu bröckeln beginnt?

Wir müssen zunächst schonungslos feststellen: Diese klassische Form des Ehrenamtes verliert in der sich verändernden Gesellschaft des 21. Jahrhunderts ihre Kraft. Das ist keine allein auf die Kirche beschränkte Realität – das gesamte bundesdeutsche Vereinswesen weiß um diese Problematik. Was ja an sich schon eine schwierige Einordnung ist, denn Kirche kann und darf nicht zum Verein werden.

Die Gesellschaft des 21. Jahrhunderts prägt immer stärker differenzierte Milieus und Peergroups aus. Es gibt genug Studien, die das in den letzten Jahren gerade auch für den Bereich der Kirche aufgedeckt haben. Die Folge ist, dass ein gesetztes Weltbild der postkonziliaren Zeit in der Kirche verrutscht. Menschen in ihrer Unterschiedlichkeit fühlen sich nicht mehr automatisch auf den Ort bezogen, an dem sie – zum Teil durch Zufall – ihren Wohnort gefunden haben. Es sind nur noch bestimmte Milieugruppen, denen es wichtig ist, eine starke lokale Identität auszuprägen, und die mit ihrer Existenz tatsächlich an einem Ort bewusst verwurzeln. Zunehmend organisieren weite Gesellschaftsteile – je jünger, desto stärker – ihre soziale Existenz in Netzwerken. Vereinfacht durch die modernen

Kommunikationswege, sind sie nicht mehr auf die Möglichkeiten des Wohnortes verwiesen, sondern orientieren sich anhand ihrer Neigungen und Milieuzugehörigkeiten. Dass dafür Distanzen überwunden werden müssen, ist zwar eine Herausforderung, in den seltensten Fällen aber ein wirkliches Hindernis.

Diese mobile Gesellschaft identifiziert sich also nicht mehr zwangsläufig und schon gar nicht ausschließlich mit dem Geschehen vor Ort. Nur weil ich an einem Ort wohne, muss ich nicht auch dort – jenseits der Grundversorgung – meine sozialen Anknüpfungspunkte suchen und pflegen.

Die vernetzte Gesellschaft wird damit zur Herausforderung einer sich bewusst am Ort abbildenden Pfarrei. Das alte Ideal der Gemeinde, in der alle ihren Platz finden, in der sich von Jung bis Alt jeder identifizieren kann, ist damit an ein absehbares Ende geführt. Und mit dem Ende der wohnortbezogenen Lokalidentität ist auch die daraus resultierende Ehrenamtsstruktur genau an dieses absehbare Ende geführt.

Keine Angst – es ist zu früh, den Abgesang auf die bisherige Beteiligungsstruktur für Ehrenamtliche in der Kirche anzustimmen. Dafür hat sie bei allen Klagen – wir erinnern uns an das Pfarrfest – noch viel zu viel Kraft und wird diese, zumindest zu einem Teil, so schnell auch nicht einbüßen. Es reicht aber nicht, auf das Klagen zu verzichten und weiterzumachen wie bisher. Vielmehr sind wir herausgefordert, neben der klassischen Ehrenamtlichkeit – ebenjener synodal-strukturell verfassten Wirklichkeit mit all ihren Nachwuchssorgen – eine neue Ehrenamtlichkeit zu etablieren, die eine mobile, vernetzte Gesellschaft mit ihren Beteiligungswünschen und -möglichkeiten in den Blick nimmt.

Dazu braucht es zunächst ein oben bereits formuliertes Eingeständnis: Wer vor Ort wohnt, muss sich nicht zwangsläufig vor Ort auch zu Hause fühlen. Wer sich nicht zu Hause fühlt, kommt vielleicht einmal neugierig vorbei, vielleicht auf eine Wurst beim Pfarrfest, vielleicht zu einem Gottesdienst. Aber engagieren wird sich selbst dieser mutige neugierige Mensch nur dort, wo er sich wirklich zu Hause, wo er sich wohl fühlt. Solange es nicht gelingt, auf der Netzwerkkarte des je Einzelnen als kirchlicher Ort ein Knotenpunkt zu werden, wird keine Partizipation entstehen.

„Heimat“ ist für diese mobilen Milieus ein sehr virtueller Begriff und hat viel mit „wohlfühlen“ zu tun, weniger mit einer lokalen Verortung. Selten ist dies – übrigens vollkommen passend auf die Hauptkonsumentengruppe abgestimmt – besser ausgedrückt worden als in dem Werbeslogan des Möbelhauses IKEA: „Wohnst du noch oder lebst du schon?“ Eigentlich sind die Begriffe „wohnen“ und „leben“ äquivalent – dort wo ich lebe, da wohne ich. Und doch beschreiben sie – so zusammengestellt – einen ganz bewussten Gegensatz und damit ein postmodernes Selbstverständnis: „Ich lebe nicht automatisch dort, wo ich wohne, sondern dort, wo ich es für mich definiere.“ Wohnort und Heimatgefühl werden in eine Differenz überführt, die es so vorher nicht gab und die den klassischen kirchlichen Strukturen geradezu diametral entgegenläuft. Die Gemeinde will beheimaten – und zwar möglichst an dem Ort, an dem die Gläubigen wohnen und sich damit auch zu Hause fühlen. Das klassische kirchliche Ehrenamt drückt genau das aus: Das ist meine Pfarrei, hier bin ich verwurzelt, hier möchte ich mich engagieren. Ein Widerspruch – solange alles so bleibt, wie es ist.

Die mobile Gesellschaft ist dabei keineswegs eine unengagierte Gesellschaft. Den modernen Netzwerkerinnen und Netzwerkern ist Mitbestimmung und Mitmachen durchaus ein Anliegen. Allein: Sie lassen sich dafür nur ungern fest in irgendwelche Strukturen langfristig einbinden. Wahlämter mit langen Amtsperioden – wie zum Beispiel die vier Jahre im synodalen Amtsbereich – wirken abschreckend und vereinnahmend. Dabei geht es noch nicht einmal primär um die Vereinnahmung des ehrenamtlichen Potentials – anpacken wollen auch die Netzwerker gerne, Gestalten ist geradezu ein Grundvollzug ihres Selbstverständnisses –, sondern vielmehr darum, dass eine Festlegung auf zum Beispiel vier Jahre nicht in einen viel kürzer getakteten Lebensplan organisch integriert werden kann. Vier Jahre wirken fast schon wie eine unüberschaubare Zeit, in der sich alle sozialen Bezüge (privates wie berufliches Umfeld) wesentlich verändern könnten. Auch außerhalb der synodalen Wahlstruktur tun sich diese Milieus mit dem Engagement im Bereich der klassischen Pfarrei schwer. Gerade in Ausschüssen (denken wir an den Festausschuss unseres Pfarrfestes) oder anderen Gruppierungen (zum Beispiel miteinander alt gewordene Familienkreise) sind die unausgesprochenen „Amtsperioden“ noch viel länger bzw. muss sich über ein kontinuierliches Engagement Anerkennung erworben werden. Wer sich hier einzubringen versucht, muss – ohne dass dies von den bisherigen Mitgliedern solcher Gruppen und Kreise böse oder ablehnend gemeint sei – ein großes Beharrungsvermögen mitbringen. Im Normalfall werden moderne Netzwerker einen solchen Parforceritt meiden. Die Netzwerke, in denen sie ihr Leben einrichten, müssen an ihren Knotenpunkten einfache Zugriffs- und Andockmöglichkeiten bieten. Und – genauso wichtig – jede und jeder entscheidet selbst, wie lange er oder sie angedockt bleibt, mit wie viel Zeit und Kraft er oder sie sich einbringt, kurz: mit welcher Intensität die Verbindung zu diesem Netzwerkknoten gehalten wird. Vieles wird von der Qualität des Erlebens abhängen, das sich beim ersten Anknüpfen einstellt. Wir befinden uns also schlechterdings in einem Dilemma: Die klassische Ehrenamtlichkeit in der Pfarrei wird – so wie sie sich nun einmal konstituiert – nicht zum attraktiven Netzwerkknoten für diese neuen Milieus werden. Besteht dieses Dilemma fort, gefährdet sich letztlich die Kirche als solche, da sie nur dann eine Perspektive hat, solange sie von vielen getragen wird.

Das Dilemma löst sich leichter auf, wenn der Fokus geweitet wird. Und genau hierin besteht eine der großen Chancen der „Pfarrei neuen Typs“. Sie darf und kann – wie bereits gezeigt – nicht bloß zum Konglomerat vieler kleiner bisheriger Pfarreien werden, die in ihrer ursprünglichen Wesenheit darin unberührt bleiben. Verpackt sich Kirche solchermaßen sozusagen nur neu, bleibt das sie gefährdende Dilemma bestehen. Gibt sie alles Bestehende auf, um sich gänzlich der mobilen Herausforderung zu stellen, fällt sie in den anderen Straßengraben. Abwägung ist also geboten: Einerseits soll und muss es in der „Pfarrei neuen Typs“ gerade die klassischen, synodal verfassten Beteiligungsmöglichkeiten geben. Es wird – nur in abnehmendem Maße – auch noch zukünftig Menschen geben, die sich auf das Wagnis einlassen, sich vier Jahre und länger gewählt für die Sache der Kirche einzusetzen.

Gleichzeitig muss die „Pfarrei neuen Typs“ sich selbst mehr und mehr zu einem Netzwerk umgestalten. Und in diesem Netzwerk muss es mehr Knotenpunkte geben als nur die bisherigen Pfarreien, die sich nun zur XXL-Pfarrei zusammengeschlossen haben.

Für die Mitgestaltungs- und Mitbestimmungsansprüche der mobilen Milieus werden solche Knotenpunkte dann attraktiv, wenn sie nicht auf unbegrenzte Dauer angelegt sind. Gemäß ihrer Lebensweise fordern diese gesellschaftlichen Gruppen eine genaue Zielfixierung und einen absehbaren Zeithorizont für ihr Mittun ein. Mitarbeit und Engagement werden zum Projekt, das sich für andere lohnt – aus dem ich aber auch selbst Bestätigung erfahre.

Wichtig ist dabei, dass sich die zu gewinnenden Milieus mit ihrer Weise der Lebensgestaltung unvoreingenommen in solchen Projekten wiederfinden können. Projekthaftes Mitarbeiten muss projekthaft bleiben. Heißt: Projekte dürfen nicht zum Köder für ein letztlich dann doch dauerhaftes, klassisches Engagement werden. Wo Projekte so gestaltet sind, werden sie bald unattraktiv. Gleichzeitig verbietet sich dadurch kein weiteres Engagement. War die Projekterfahrung gut, kann für ein nächstes Projekt durchaus eine Mitarbeit in Aussicht stehen.

Projekthaftes Mitarbeiten darf also nicht als „Beteiligung light“ angesehen werden, sondern als gleichberechtigte Mitgestaltungsform in der neuen Pfarrei.

Womit ein neuerlicher Konfliktpunkt zwischen klassischem und neuem Ehrenamt benannt wäre: Letztlich muss es in der „Pfarrei neuen Typs“ mittelfristig gelingen, die synodalen Mitbestimmungsrechte auch der zweigleisig nebeneinanderbestehenden Ehrenamtsstruktur anzupassen. Wo nur die etwas zu sagen und zu bestimmen haben, die sich dafür auf Jahre und durch Wahl binden lassen, werden andere, die diese Möglichkeit aus ihrem Lebensbild heraus nicht haben oder vorsehen, sich alsbald wieder resigniert abwenden.

Initiativen und Projekte müssen – auch wenn sie nur eine kurze Halbwertszeit haben – Zugang zu den pfarrlichen Mitbestimmungsrechten bekommen. Tatsächlich gibt dies die bisherige Synodalordnung (des Bistums Limburg) nicht her. Bleibt der synodale Weg aber in seinen Ansprüchen auf das klassische Ehrenamt fixiert, werden dadurch – unbewusst – große Gruppen von der Beteiligung abgehalten. Wir werden in unseren synodalen Strukturen kreativ werden müssen – nicht, um sie zu beschränken oder gar abzuschaffen, sondern um sie zu weiten und im wirklichen Wortsinne zu einer gleichberechtigten Synode zu machen. Damit dies gelingt, wird in der „Pfarrei neuen Typs“ ein Wichtiges zu tun sein: Es muss ein gegenseitiges Verständnis für beide Beteiligungswege wachsen. Wertschätzung muss den einmalig projekthaft Mitarbeitenden genauso zukommen wie jenen, die sich über Jahre engagieren. Denn alle engagieren sich letztlich vollständig im Rahmen ihrer ihrem Lebensbild entsprechenden Möglichkeiten – nur die Ausprägungsformen unterscheiden sich.

Bleibt eine große Frage zur Beantwortung: Wie können solche Projektprozesse initiiert werden – und vor allem von wem?

Die wenigsten Vertreter dieser mobilen Milieus fühlen sich unterbeschäftigt – meist sind sie im Rahmen ihrer Möglichkeiten schon jetzt gut eingebunden und nehmen Kirche – wenn überhaupt – für lose Kontakte in ihrer Biographie, nicht aber als Ort ihrer Beteiligung wahr. Mehr noch: Die bisherige Beteiligungsstruktur der Gemeinden passt mit ihrem Selbstverständnis überhaupt nicht zusammen.

Es muss also gelingen, diese Menschen positiv zu überraschen: Möglichkeiten und Wege jenseits des Normalen und Hergebrachten müssen beschritten werden. Das muss nicht das große Event sein, und noch viel weniger muss es eine Anbiederung an den Zeitgeist sein. Aber in allen Versuchen muss es ernsthaft darum gehen, diese Menschen mit ihren Möglichkeiten und (hohen) Fähigkeiten nur so einzubinden, wie sie gerne eingebunden werden möchten. Hier zeigt sich noch einmal die Entgegengesetztheit der beiden Formen des Ehrenamtes: Während in der klassisch synodal verfassten Ehrenamtlichkeit der Rahmen durch die gegebene Synodalordnung gesteckt ist und Einflussmöglichkeiten, Engagementzeiten und Verantwortlichkeiten relativ exakt beschreibt, handelt das neue Ehrenamt diese Parameter Fall für Fall und Person für Person neu aus. Dieses durchaus zunächst arbeitsintensive „Mehr" an grundlegender Vereinbarung (es gibt ja am Anfang jedes ernst gemeinten Projektes noch keine gemeinsame Basis) tariert sich aber im Projektverlauf durch das dann gezeigte Engagement wieder aus. Jede und jeder wird nach Möglichkeit mit seinen Stärken eingebunden, so dass ein gutes, effektives Zusammenspiel möglich ist.

Damit dies gelingt, wird es gerade am Anfang mutige Moderatoren brauchen. Dies müssen nicht ausschließlich die hauptamtlichen Mitarbeiterinnen und Mitarbeiter der neuen Pfarrei sein. Aber es wird für sie eine zentrale Aufgabe sein, diese neue und für die kirchlich-pastorale Arbeit ungewohnte Arbeitsweise zu promovieren. Gerade in den angezielten Milieus finden sich aber genug Menschen, die aufgrund ihrer Ausbildungs- oder Arbeitssituation mit projektorientiertem Arbeiten vertraut sind. Wenn es gelingt, ihr Vertrauen zu gewinnen, dass sie mit ihrem Arbeitsstil für Kirche zu wichtigen und gleichberechtigten Mitstreiterinnen und Mitstreitern werden können, dann ist viel zu erreichen. Und dann muss auch nicht zwangsläufig jedes Projekt hauptamtlich motiviert und durchgeführt sein – sondern wird sich nach und nach vieles von selbst entwickeln.

Was heißt das Ganze nun für das Pfarrfest vom Beginn? Meines Erachtens wird es so lange existieren, wie es gelingt, Menschen für die Organisation und Durchführung zu motivieren – an Gästen mangelt es ja selten. Das werden aber zunächst dieselben sein, die es auch schon bisher gemacht haben. Und ihre berechtigte Klage steht weiter im Raum.

Es wäre aber nur ein Schuh daraus gemacht, wenn man einfach versuchen würde, das gute alte Pfarrfest zum modernen Projekt umzubauen – es wird nicht oder jedenfalls nicht zur Zufriedenheit der Beteiligten gelingen.

Und damit ist ein letztes Wichtiges gesagt: Das neue Ehrenamt wird – gerade weil es so sehr andere Strukturen benötigt als sein klassisches Pendant – nicht in dessen Leerstellen schlüpfen. Die sich neu Engagierenden werden nicht für das Althergebrachte Feuerwehr spielen wollen. Wo es nur darum ginge, wäre es wohl mit dem Ernstnehmen solch neuer Beteiligungsformen nicht weit bestellt. Neues Ehrenamt will auf neue Weise gestalten: etwas, das zum eigenen Lebensstil, zu den eigenen Zielen und Möglichkeiten, zu den eigenen Fragen und Nöten passt.

Neues Ehrenamt dient also nicht der Bewahrung partikularer Traditionen. Es braucht in der Doppelgleisigkeit der Ehrenamtsstruktur gegenseitigen Respekt und die Gewährung von Spielraum. Das kann sich hier und da dann auch ergänzen. Vor allem aber müssen Bestehendes und Neues gleichbedeutend Platz zur je eigenen Entfaltung haben. Diesen Platz bietet die Weite der „Pfarrei neuen Typs" an – nicht in lokaler Konkurrenz, sondern in Ergänzung zueinander.

Zusammengefasst: Die „Pfarrei neuen Typs" wird nur dann wirklich zu einer neuen Chance und Möglichkeit für die Kirche, wenn sie Bisheriges aufnimmt und Neues zulässt. Neben dem klassischen Ehrenamt wird ein neues, sich eher projekthaft einbringendes Ehrenamt mehr und mehr an Relevanz gewinnen, ohne das alte dadurch abzulösen oder in dessen entstehende Leerstellen zu schlüpfen.

Damit dieses Nebeneinander gelingt, müssen in der „Pfarrei neuen Typs" (sei es durch hauptamtliche Motivation oder durch direktes ehrenamtliches Engagement) Anstöße und Raum für neue Projekte geschaffen werden. Diese Projekte müssen dabei mehr sein als neu verpackte Traditionen – sie müssen sich der Lebenswirklichkeit ihrer Zielgruppen ehrlich stellen.

Sollen die neuen Strukturen tragfähig werden, müssen für ein neues Ehrenamt im synodalen Kontext neue Mitbestimmungsstrukturen geschaffen werden, ohne dass dies eine Einbindung in synodale Wahlperioden bedeutet.

Die „Pfarrei neuen Typs" wird so zum Netzwerk verschiedenster Initiativen und Orte werden. Sie ist eben nicht einfach nur das bisherige Pfarrwesen in XXL, sondern tatsächlich eine neue Sozialgestalt von Kirche – eben ein Netzwerk, in dem auf je verschiedene Weise der eine gemeinsame Glaube zum Ausdruck gebracht werden wird.

11. Wie kann's weitergehen? – Ein Ausblick

Von Mathias Wolf

Der aktuelle Strukturwandel der Pastoral wird ins Leere laufen, wenn mit ihm nicht auch ein Bewusstseinswandel einhergeht. Er würde anmuten wie der alte Wein in neuen Schläuchen. Der Versuch einer Revision käme im täuschenden Gewand der Vision daher, wenn restaurative Maßnahmen nur neu verpackt würden.

Wie könnte also eine neue Struktur aussehen, die zukunftsfähig ist? Hier den Anspruch zu erheben, die Zukunft vorauszusehen und alle Perspektiven wirklich zu überblicken, würde prophetische Gaben voraussetzen. Deshalb soll mit aller Vorsicht und Zurückhaltung der Versuch gewagt werden, einige Linien zu entwerfen und Attribute zu umreißen, die der „Pfarrei neuen Typs" ein wenig Profil geben.

Evangeliumsgemäß

Jede Strukturveränderung macht nur Sinn, wenn sie einen neuen, vertieften Zugang zur Frohen Botschaft eröffnet. Sie darf kein Selbstzweck sein. Pastoral muss die Adressaten der Botschaft und ihre Bedürfnisse (wieder neu) in den Blick nehmen. Die ersten Worte der Konzilskonstitution über die Kirche und ihr Verhältnis zur Welt von heute (Gaudium et spes 1) harren noch immer der Umsetzung. Die Lebenswirklichkeit gilt es im Licht des Evangeliums zu deuten und das Evangelium im Leben Wirklichkeit werden zu lassen.

Dienend

Das Tun der Kirche und ihrer Amtsträger wird gemeinhin als „Dienst“ bezeichnet bis dahin, dass dies sogar eine Funktionsbeschreibung für die Amtsträger geworden ist.[1] Darin steckt das Verb „dienen“ und im erweiterten Sinn hat es auch mit „Dienst-Leistung“ zu tun. Pastoral ist ein(e) Dienst-Leistung an den und für die Menschen. Das gilt für alle, die amtlich im Namen der Kirche handeln, ob ehren- oder hauptamtlich. Wie hatte es Paulus formuliert: „Wir wollen ja nicht Herren über euren Glauben sein, sondern wir sind Helfer zu eurer Freude …“ (2 Kor 1,24).

Es muss ein konsequenter Veränderungsprozess beginnen, der die Kirche wieder vom Dienst an und für die Menschen denkt und organisiert. In diesem Verständnis des Tuns der Kirche als Dienstleistung zeigt sich auch, was „missionarische Seelsorge“ bedeutet. Bereits Paul VI. hatte eine solche Art der Verkündigung des Evangeliums im Blick, als er im Entwurf einer neuen Missionstheologie infolge des Konzils vom „Zeugnis ohne Worte“ sprach.[2] Dieser Dienst an den Menschen ist oft das einzig noch glaubhafte Zeugnis der Kirche, das die meisten Menschen noch wahrnehmen.[3]

Im Team

Pastoral kann nicht mehr die Sache von Einzelkämpfern sein, sosehr persönliches Charisma auch weiterhin nötig sein wird; Teamarbeit ist angesagt.

---

1 Vgl. die Begrifflichkeit im Beschluss „Dienste und Ämter“ der Gemeinsamen Synode der Bistümer in Würzburg.

2 Vgl. Paul VI., Evangelii nuntiandi, Nr. 21 und auch Nr. 76.

3 „Der heutige Mensch hört lieber auf Zeugen als auf Gelehrte, und wenn er auf Gelehrte hört, dann deshalb, weil sie Zeugen sind.“ Paul VI., Ansprache an die Mitglieder des Laienrates am 2. Oktober 1974: AAS.

Zu Beginn der Apostelgeschichte gibt es eine interessante Arbeitsfeldumschreibung für einen Apostel. „Einer von diesen muss nun zusammen mit uns Zeuge seiner Auferstehung sein" (vgl. Apg 1,22). „Zusammen" und eben nicht allein. Bereits Jesus sandte die 72 zu zweit aus (vgl. Lk 10,1–16). Gemeinsame Verantwortung trägt im Sinne Jesu offenkundig weiter.

Teams in der Seelsorge (oft als „Pastoralteams" bezeichnet) haben große Chancen. Ideen, die miteinander entwickelt werden, können nachhaltiger sein. Die gemeinsame Konzeption und Reflexion kann eine höhere Qualität und Flexibilität ermöglichen. Allerdings ist dies alles kein Automatismus. Es muss viel in die Teamentwicklung investiert werden. Teams blockieren sich, wenn Machtkonflikte oder emotionale Blockaden dominant werden und keine Vertrauensbasis aufgebaut werden kann. Die hierarchisch verfasste Kirche steht bei der Teamarbeit noch am Anfang. Es macht Sinn, von anderen dazuzulernen.

Im Übrigen gilt: Teamarbeit lernt man durch Teamarbeit und nicht durch Reden auf unendlich langen Sitzungen mit wortreichen Absichtserklärungen, die in allgemeinen Absichtserklärungen des „man" enden. Gemeinsame Erfahrungen im Team lassen zusammenwachsen – durchaus auch geistlich.

Synodal

Die neue Pfarreistruktur muss konsequent synodal sein. Denn nur in der gemeinsamen Verantwortung aller Glieder des Gottesvolkes lässt sich auch der gemeinsame Weg in die Zukunft gehen. Menschen engagieren sich heute nur, wenn sie auch als Dialogpartner ernst- und wahrgenommen und beteiligt werden. Der christliche Glaube ist zutiefst selbst dialogisch, spricht er doch vom drei-einen Gott, der sich der Welt im „logos" (Wort), d. h. in Christus, mitteilt. Eine Kirche, die die frohmachende Botschaft von Gott glaubwürdig verkünden will, muss selbst dialogisch aufgebaut sein. Das synodale Prinzip in der Kirche ist die logische Konsequenz der vom Konzil wiederentdeckten Mitverantwortung aller Getauften und Gefirmten. Die Tendenz, diese Gremien der Mitsprache als Replik an den Zeitgeist der 68er Jahre abzutun, entspringt letztlich einem verborgenen Wunsch der Restauration.

Synodale Gremien der Mitsprache, Mitentscheidung und Mitverantwortung muss es auf allen Ebenen bis hin auf die Ortsebene geben. Mit dem Subsidiaritätsprinzip ist ihnen eine einfache Regel auf den Weg mitgegeben, die unnötige Blockaden vermeidet und nötige Kräfte freisetzen kann.

Gemeindlich

Die Pfarrei der Zukunft wird mehr als nur ein Verwaltungsbezirk sein. Sie muss inhaltlich gefüllt sein. Christlicher Glaube drängt zur Vergemeinschaftung, denn nur dort kann der auferstandene Christus erfahren werden, wie die Auferstehungserzählungen immer wieder eindrucksvoll bestätigen. Die neue Pfarrei wird deshalb auch Gemeinde sein – besser „Gemeinden". Dazu, wie sie das sein kann, gibt die Gemeinsame Synode in ihrer Beschreibung der Gemeinde wichtige Impulse: „Die Gemeinde ist an einem bestimmten Ort oder innerhalb eines bestimmten Personenkreises die durch Wort und Sakrament begründete, durch den Dienst des Amtes geeinte und geleitete, zur Verherrlichung Gottes und zum Dienst an den Menschen berufene Gemeinschaft derer, die in Einheit mit der Gesamtkirche an Jesus Christus glauben und das durch ihn geschenkte Heil bezeugen. Durch die eine Taufe (vgl. 1 Kor 12,13) und durch die gemeinsame Teilhabe an dem einen Tisch des Herrn (vgl. 1 Kor 10,16 f.) ist sie ein Leib in Jesus Christus."[4]

4 Gemeinsame Synode der Bistümer der BRD in Würzburg, Beschluss „Dienste und Ämter", 2.3.2.

In diesem Sinn könnte, inhaltlich gefüllt, von der Pfarrei der Zukunft im Sinne von „Gemeinde“, also ergänzend zur kirchenrechtlichen Perspektive, gesprochen werden. Zugleich ging auch schon damals der Blick der Synode weiter: „Im allerweitesten Sinn verwirklicht sich Gemeinde Christi überall, wo zwei oder drei im Namen Jesu beisammen sind (vgl. Mt 18,20). Die wichtigste Zelle der Gemeinde sind die christlichen Ehen und Familien, die das Zweite Vatikanische Konzil ausdrücklich als Hauskirche bezeichnet (vgl. LG 11). Dem Aufbau und dem Wachstum der lebendigen Gemeinde dienen aber auch vielerlei Gruppen, Kreise, Hausgemeinschaften, Basisgemeinschaften, geistliche Gemeinschaften am Ort sowie andere kirchliche Vereinigungen und Verbände. Sie sind von der Gemeinde im eigentlichen Sinn des Wortes zu unterscheiden. Sie helfen jedoch zur Einwurzelung und Beheimatung des einzelnen in der Gemeinde und in der Kirche. Deshalb kommt ihnen gerade heute eine wichtige Funktion zu.“[5]

Hier wird deutlich, dass eine Gemeinde aus vielen einzelnen Gemeinschaften bestehen kann und soll. Dies gibt ihr Weite und verbreitert beständig ihr Spektrum. Genau dies verleiht Lebendigkeit. Da wird es sicher auch einiges an Nebeneinanderher geben. Uniform wird Gemeinde in diesem Sinn sicher nicht sein. Die Pfarrei der Zukunft wird nicht gleichförmig oder gleichgeschaltet sein. Sie wird, genau aus solchen kleinen Gemeinschaften unterschiedlichster Art bestehend, Gemeinde im Sinne der Würzburger Synode Kirche am Ort abbilden.

Amtlich

Pastoral wird, wie seit den Anfangszeiten des Christentums – im katholischen Verständnis zumal – „amtlich“ sein müssen. Im Sinne des Paulus: „Wir sind also Gesandte an Christi statt,

5 Ebd.

und Gott ist es, der durch uns mahnt. Wir bitten an Christi statt: Lasst euch mit Gott versöhnen“ (2 Kor 5,2). Es wird in der neuen Pfarrei kirchliche Amtsträger geben müssen, die die Herausforderung nicht scheuen, auch (aber nicht nur) als „Gegenüber“ wahrgenommen zu werden. Dieses Element der Provokation im guten Sinn ist dringend nötig. Es ist Provokation in Liebe und nicht um ihrer selbst oder der Macht willen. Eine solche Provokation – im wahrsten Sinn des Wortes „herausrufend“ – birgt die Chance, Mittel zur Korrektur zu sein, weil sie der Struktur der Frohen Botschaft selbst entspricht, die uns als Gottes Wort entgegentritt und uns immer wieder von „außen“ gesagt werden muss und uns letztlich herausruft zur Antwort des Glaubens und des Lebens. Dies birgt die Chance, sich nicht im profillosen Wohlfühlchristentum zu verlieren.

Differenziert

Die Lebenswirklichkeit der Menschen stellt sich als stark individualisiert und hoch differenziert dar. Die Sinusstudie hat an den Tag gebracht, wie viele unterschiedliche gesellschaftliche Milieus es in unseren Breiten gibt. Diese Ausdifferenzierung wird sich noch weiter fortentwickeln. Wir können uns als Kirche, die sich zu allen Menschen gesandt weiß (vgl. Mt 28,19), nicht damit begnügen, nur noch zwei oder drei Milieus zu erreichen.

Andere Milieus zu erschließen, bedarf einer hohen Sensibilität und Profilierung. Es kann nicht ein und dieselbe Person alle Milieus ansprechen. Wie sich die Gesellschaft differenziert hat, so muss es auch die Pastoral tun. Hier bieten große Pfarreien und Pastoralteams eine große Chance – gerade in städtisch organisierten Lebenswelten.

Die Differenzierung allein birgt aber auch eine gefährliche Einseitigkeit. Der christliche Glaube hat den Anspruch, durch die Kraft der Frohen Botschaft letztlich Menschen aller Gruppen und Schichten zusammenzuführen. Die Teammitglieder sollten auch um die Gefahr der Verengung ihres Tuns wissen, wenn sie sich letztlich nur noch für wenige Milieus zuständig fühlen. Der Einzelkämpfer der kleinen Pfarrei darf nicht abgelöst werden durch den Spezialisten im milieuzentrierten Arbeitsgebiet.

Was für die Milieus gilt, das gilt auch für die Lebenswelten. Die ländliche Situation stellt sich vollends anders dar als die städtische. Mit der Organisation der Kirche auf dem Land als „Kirchspiel" gab es schon in früheren Zeiten eine durchaus bedenkenswerte Struktur der Seelsorge, die Impulse für die Zukunft beherbergen kann, so dass die Kirche auch weiterhin im öffentlichen Raum präsent ist.

Differenziert bedeutet auch, konsequent vom Adressaten und nicht primär von der Struktur oder der Arbeitsorganisation her zu denken. Auch wenn es arbeitstechnisch vielleicht einfacher wäre, lassen sich eben nicht alle Aufgabenbereiche der Pastoral zentralisieren. Das mag vielleicht einfacher sein, aber es dient nicht den Menschen. Angebote für Kinder im Grundschulalter werden etwa auch weiterhin im Einzugsgebiet der Grundschule organisiert werden müssen. Bei Jugendlichen oder in der Erwachsenenbildung stellt sich die Sachlage oft schon wieder ganz anders dar.

Ehrlich

Für das Gelingen des Prozesses ist es entscheidend, möglichst viele Menschen mitzunehmen und sie zu begeistern. Das geschieht nur mit einer Grundhaltung der Ehrlichkeit und Wahrhaftigkeit: Wer nur deutlich macht, dass es hier um eine Vorgabe von „oben" geht, die umzusetzen ist, wird keinen Erfolg haben. Vielmehr müssen die Menschen motiviert werden, den Neuaufbruch zu ihrer eigenen Sache zu machen. Zustimmen wird nur, wer Vertrauen hat sowohl in das Projekt wie in die handelnden Personen. Es lässt sich nichts erzwingen und dennoch kann man es auch nicht einfachhin laufen lassen. Eine werbende Ehrlichkeit und Glaubwürdigkeit, die ausstrahlt, schafft die nötige Vertrauensbasis für Veränderungen.

Nah

Die Nagelprobe jeglicher neuer Struktur von Seelsorge ist die Nähe.

Seelsorge meint eigentlich: Sorge tragen für die Seele, das Innerste des Menschen; hier heilend wirken zu können – und das in der Spur Jesu. Wenn wir hinschauen auf seine Verkündigung, dann wird deutlich, dass sie im Alltäglichen, Beiläufigen und in der unmittelbaren Begegnung geschah. Das ist eigentlich die Konsequenz der Menschwerdung, weil Gott in Jesus Christus uns Menschen unendlich nah gekommen, sozusagen auf den Leib gerückt ist. Der Philipperhymnus bringt es auf den Punkt: „Er hielt nicht daran fest, wie Gott zu sein, sondern entäußerte sich und wurde Mensch“ (Phil 2). Christlicher Glaube ist immer nur „face to face“ in der persönlichen Begegnung mit Glaubenden tradierbar und auch lebbar. Pastoral lebt von einer Nähe, in der die Nähe zu Christus immer durchscheint, weil sie das Eigentliche ist.

Herkömmlich wurde dies institutionalisiert in der Person des Pfarrers (vgl. hierzu die Formulierungen des c. 528/529). Dieses Modell des „Hirten“ ist allerdings, wie wir sahen, an sein Ende gekommen und Neues muss erprobt werden.

In einer Gesellschaft, die sich hoch differenziert in unterschiedlichen Lebenswelten und Milieus darstellt, kann Nähe immer nur ein relativer Begriff sein. „Allen alles zu sein“ (1 Kor 9,22), wie Paulus es noch formulieren konnte, ist in der modernen Gesellschaft der westlichen Welt – jenseits vielleicht einiger medialer Ausnahmen, die dann aber sehr oberflächlich bleiben – existentiell gesehen nicht realisierbar. Die „Codes" des Milieus sind so unterschiedlich, dass schon ästhetische Brüche Zugänge fast unmöglich machen. Bei Licht betrachtet, gab es das in der katholischen Kirche aber immer schon. Der Blick auf die Vielfalt der Kirchen in einer Stadt oder der Orden, die ja selbst auch immer eine je eigene Ästhetik ausbildeten, macht deutlich, dass Menschen unterschiedlichster Herkunft hier die Möglichkeit fanden, eine Heimat im Glauben zu finden.

Die pastorale Struktur der Zukunft muss so aufgestellt sein, dass Nähe zu unterschiedlichsten Mileus möglich ist – auch zu solchen, die kirchlich gesehen schon längst aus dem Blick geraten sind. Das öffnet den Blick weit über die „Kerngemeinde" hinaus.

Bei aller nötigen Professionalisierung in der modernen Gesellschaft kann nicht alles von Profis gemacht werden. Wenn der christliche Glaube eine lebensrelevante und alltagstaugliche Botschaft sein soll, dann muss Nähe im Alltäglichen durch Glaubende im Nahbereich in den konkreten Lebenswelten und Beziehungsnetzen der Menschen (am Ort, in der Arbeitswelt, in der Freizeit) möglich sein. Eine Kirche, die durch das Fehlverhalten vieler ihrer Amtsträger unendlich viel Vertrauen verloren hat, muss sich darüber im Klaren sein, dass die glaubwürdigeren Botschafter oft die so genannten „einfachen" Gläubigen sind.

Nähe ermöglicht dem Einzelnen eine Beheimatung im Glauben, und zwar in dem Maß und der Gestalt, die gerade gut und richtig ist. Niemand muss sich in Gremien engagieren und beim Pfarrfest mitmachen, wenn er als katholischer Christ leben will. Für manche kann das bedeuten, nur einmal im Jahr beim Christbaumaufstellen mitzumachen oder nur dann und wann in den Gottesdienst zu gehen. Nähe und Distanz zum

Glauben oder zur Pfarrei sind biographieabhängig zu denken und stellen sich durchaus unterschiedlich dar.

Aufmerksam

Es braucht Menschen, die aufmerksam hinsehen und hinhören in der Seelsorge.

Das Charisma der Kommunikation und Vernetzung ist vonnöten. Gerade in großen Strukturen braucht es sehr viel Sorge um die rechte Kommunikation, damit die nötigen Informationen zur rechten Zeit bei den richtigen Leuten sind. Es braucht den Dienst des „Kümmerers" im guten Sinn. Jemanden, der in Beziehungszusammenhängen und sozialen Netzwerken präsent ist und in gewisser Weise „nach dem Rechten schaut" und Einzelne nicht aus dem Blick verliert (vgl. Überlegungen zur Bezugsperson).

Mystagogisch

Ausgehend von der Erkenntnis Rahners vom Ende der 60er Jahre, dass „der Fromme von morgen einer sein wird, der etwas ‚erfahren' hat"[6], wird immer mehr deutlich, dass eine Sozialisation im Glauben nicht mehr „automatisch" geschieht. Glaubende werden Menschen sein, die Erfahrungen im Glauben machen; Menschen, die Gott als das Geheimnis ihres Lebens kennengelernt haben. Und Menschen, die etwas im Glauben erfahren haben, werden zukünftig auch immer mehr Glaubende sein. Es braucht Orte in der Pfarrei, an denen Menschen genau dies erfahren können. Solche Orte und die dort gemachten Erfahrungen werden sicher so vielgestaltig sein wie die Menschen der Gegenwart. Sie wer-

---

6 Karl Rahner: *Frömmigkeit heute und morgen*, in: Geist und Leben 39 (1966), 326–342, hier S. 335; ebenso im Vortragsentwurf *Frömmigkeit früher und heute*, in: ders., *Schriften zur Theologie*, Bd. 7, Einsiedeln 1966, 11–31.

den getragen sein von dem Bemühen, den christlichen Glauben mit dem konkreten Leben des Alltäglichen in Verbindung zu bringen, und sie werden sich ihrerseits zu Gemeinschaften und Gemeinden zusammenschließen. Glaube muss wieder existentiell werden.[7]

7 vgl. hierzu die Überlegungen von Chr. Hennecke in Herder Korrespondenz Spezial 2011 „Pastoral im Umbau", 18 ff.

TEIL II:

Wie es trotz allem gehen kann: Ein Praxisbericht

12. „Wir wollen nicht. Aber wenn doch, dann schnell!“ – Die Ausgangslage

Von Andreas Unfried

Der Pfarreiwerdungsprozess unserer acht Pfarrgemeinden wäre unzutreffend beschrieben, wenn man davon ausginge, es handele sich dabei lediglich um einen Prozess innerhalb weniger Monate. Die Vorgeschichte darf nämlich hier keinesfalls ausgeblendet werden. Diese reicht mindestens zurück bis ins Jahr 1995, in dem in unserem Bistum mit dem Aufbau von Pastoralen Räumen als Orten der verbindlichen Kooperation in der Pastoral begonnen wurde. Mit gewissem Recht kann man sogar noch weiter zurückgehen, da bereits durch die Übernahme jeweils einiger der beteiligten Pfarrgemeinden durch einen Pfarrer in Personalunion Kooperationsprozesse in Gang gesetzt wurden. Die damals begonnene Kultur der Zusammenarbeit in ihrer jeweils anderen Schwerpunktsetzung zwischen Kooperation und Pflege der Verschiedenheit sowie im jeweils anderen Leitungsstil wirkt bis heute nach.

1995 begann also die Geschichte der verbindlichen Kooperation im Pastoralen Raum – genauer in den damals noch zwei Pastoralen Räumen: Oberursel-Zentrum mit fünf und Oberursel-Süd mit drei weiteren Gemeinden. In beiden Pastoralen Räumen wurden Pastoralkonzepte entwickelt – allerdings in unterschiedlicher Tiefe und Intensität. Vor etwa fünf Jahren begann sich abzuzeichnen, dass die Pastoralen Räume in ihrem gegenwärtigen Zuschnitt noch nicht zukunftsfest sein könnten, wenn man als eine wesentliche Bedingung dafür ansieht, dass es auf Dauer wahrscheinlich gemacht werden kann, einen solchen Pastoralen Raum auch durch einen Pfarrer zu leiten. In den Pastoralen Räumen Oberursels löste dies heftigen Widerstand aus. Die beteiligten Pfarrer und die synodalen Gremien baten vergeblich um zumindest einen Aufschub um einige Jahre. Die Ablehnung dieser Forderung führte dann zum Stellenwechsel eines der beteiligten Pfarrer.

Die Pfarrstelle im nunmehr zwangsweise vereinigten neuen Pastoralen Raum Oberursel/Steinbach mit seinen acht Pfarrgemeinden konnte in der Folge mehr als ein Jahr lang nicht wieder besetzt werden. Lange fand sich kein Bewerber, der sich die Aufgabe zugetraut hätte, bzw. bei möglicherweise vorhandenen Interessenten hatte das Bistum Zweifel, ob sie der Aufgabe gewachsen sein würden. Als schließlich ein geeigneter Priester gefunden schien, atmeten alle hörbar auf und machten in der Folge intern und in öffentlichen Stellungnahmen deutlich, dass sie um des Fortbestands des gemeindlichen Lebens willen uneingeschränkt zur Zusammenarbeit untereinander und mit dem neuen Pfarrer bereit seien.

Dass ausgerechnet dieser Priester kurz darauf in den Missbrauchskandal hineingezogen wurde und seine Stelle nicht antreten konnte, stürzte die Pfarreien erneut in tiefe Depression. Das Bistum, das sich nun in der Pflicht sah, sozusagen koste es, was es wolle, eine Lösung für Oberursel zu finden, konnte nun zwar mit unserer Priestergemeinschaft relativ zeitnah eine personelle Alternative anbieten. Dennoch war die Atmosphäre in den folgenden Monaten ausgesprochen aufgeheizt.

Sicher beeinflusst von der langen Vakanz, aber auch auf Basis der bereits erreichten Kooperationen, beschloss schließlich der Pastoralausschuss, nicht nur aus der Zwangsehe der beiden Pastoralen Räume das Beste zu machen, sondern nun auch den weiteren Schritt zur Pfarreiwerdung mutig und zügig zu gehen. Grundlage dafür war, dass Bischof Tebartz-van Elst bereits kurz nach seiner Amtseinführung das Diktum geprägt hatte: „Die Pastoralen Räume sind die Pfarreien der Zukunft".

In einer sonderbaren Mischung aus Erschöpfung bezüglich der immer neuen Strukturdebatten und Hoffnung, endlich den entscheidenden Schritt zu etwas Neuem, Tragfähigem gehen zu können, formulierten die Gremien den Wunsch, die Pfarreiwerdung möglichst so anzugehen, dass ein neuer Pfarrgemeinderat bereits in der neuen Struktur gewählt werden könnte.

Für das Pastoralteam hätte bereits die dann überraschend gescheiterte Besetzung der Pfarrstelle zu Beginn des Jahres 2010 erhebliche Veränderungen bedeutet, da das Bistum keinen Zweifel gelassen hatte, die jahrelange Praxis der Leitung von Pfarrgemeinden nach can. 517 § 2 des CIC durch Pfarrbeauftragte mit der Neubesetzung beenden zu wollen. Für drei Diakone und eine Gemeindereferentin änderte sich damit die berufliche Rolle einmal mehr erheblich. Da diese strategische Neuausrichtung der Gemeindepastoral des Bistums ausgesprochen defizitär gegenüber den betroffenen Personen und Gemeinden kommuniziert wurde, war das Klima im Team lange von den erlittenen Verletzungen und Enttäuschungen geprägt, allerdings auch vom unbedingten Willen, jetzt eine Form der beruflichen Zusammenarbeit anzuzielen, die auf Dauer Geltung haben und auf sicherer kirchenrechtlicher Grundlage stehen würde.

Ein glücklicher Umstand für den Prozess war es, dass durch die konzeptionelle Vorarbeit zur Erstellung der Pastoralkonzepte eine Gottesdienstordnung für die Sonntage und Werktage (und zumindest teilweise für die Feiertage) bereits ausgearbeitet war. Unter Mithilfe von verlässlich verfügbaren priesterlichen Aushilfen war und ist diese tragfähig und fürs Erste zukunftsfähig. Damit war ein klassisches Konfliktfeld in der Kooperation bereits entschärft. Weiter wirkte sich in unserer Situation günstig aus, dass es für den Zusammenschluss der acht Pfarrgemeinden mit der Stadt Oberursel ein kommunales

Pendant gibt. Lediglich Steinbach als selbstständige Stadt in Randlage des Hochtaunuskreises gehört nicht dazu, weiß sich aber in vielem auf die Stadt Oberursel bezogen. Durch gemeinsame Schulen, gemeinsame Vereinsstrukturen, gemeinsame Einkaufsmöglichkeiten und nicht zuletzt eine gemeinsame kommunalpolitische Verantwortung gab es also bereits Vorbilder für ein gelingendes Miteinander. Sicher wird man sagen können, dass dies ausgesprochen hilfreich dafür war, die Großpfarrei nicht als gesichtslosen Moloch, sondern als denkbare Möglichkeit wahrzunehmen.

Als eine weitere glückliche Konstellation möchte ich hier hervorheben, dass durch die synodale Vorarbeit unserer Vorgänger und Vorvorgänger eine gute Beratungskultur in den Gemeinden aufgebaut worden war. Die Verantwortungsträger waren durchwegs mit Projektarbeit vertraut und haben Erfahrung mit den besonderen Vorgehensweisen im synodalen Dialog. Auf diese Weise ist nicht nur die Erwartung gewachsen, an Entscheidungsprozessen beteiligt zu werden, sondern auch die Bereitschaft, selbst Verantwortung zu übernehmen. Natürlich wurde dies auch durch die Lage des Pastoralen Raums im „Speckgürtel" Frankfurts begünstigt, was zur Folge hat, dass sich in den pfarrlichen Gremien überwiegend überdurchschnittlich ausgebildete Männer und Frauen finden, die aus ihrem beruflichen Umfeld häufig bereits Erfahrungen in Veränderungsprozessen und mit der Arbeit in Projekten mitbringen.

Gleichwohl mussten alle Pfarrgemeinderäte aufgrund der demographischen Entwicklung und der Gemeindegröße (alle Pfarrgemeinden liegen in ihrer Größe nahe beieinander und haben um die 2000 Katholiken) der Tatsache ins Auge sehen, dass es keineswegs einfach sein würde, wieder Kandidatinnen und Kandidaten in ausreichender Zahl für die nächste Wahlperiode zu finden. Auch dies motivierte dazu, nach einer grundlegend neuen Lösung zu suchen.

Schließlich möchte ich als wesentliche Rahmenbedingung anführen, dass sowohl im Pastoralteam wie im Pastoralausschuss und überwiegend auch in den anderen Gremien ein gutes Klima der persönlichen Wertschätzung und des freundlichen und vertrauensvollen Umgangs miteinander herrscht. Erstaunlicherweise durfte ich selbst auch sehr schnell von diesem Vertrauensvorschuss profitieren, ohne dass es mir möglich gewesen wäre, langsam, Schritt für Schritt mit den Gemeinden und den Kolleginnen und Kollegen bekannt zu werden.

Nimmt man noch hinzu, dass durch die Tatsache, dass wir in unserer Diözese die Ersten sind, die das von unserem Bischof verfolgte und von vielen Kritikern als undurchführbar und für die Pastoral fatal beurteilte Projekt der „Pfarrei neuen Typs" konkret angehen, eine Unterstützung durch die bischöflichen Behörden in außergewöhnlichem Maße gegeben war, so wird man mir in dem Urteil zustimmen, dass unsere Situation nur in sehr eingeschränktem Maße als Blaupause für andere Prozesse dieser Art dienen kann.

Dennoch hoffen wir, dass manche unserer Einsichten in anderen Situationen hilfreich sein können, dass manche grundsätzliche Herangehensweise übertragbar sein könnte und natürlich vor allem, dass sich der ganze Weg am Ende nicht doch noch als Holzweg erweisen möge.

13. Projekt Pfarreiwerdung – Viele Köpfe denken besser

Von Andreas Unfried

Als ich mich konfrontiert sah mit der Fragestellung, nicht nur eine neue Aufgabe als Pfarrer und Leiter eines großen Pastoralteams zu übernehmen, sondern auch die Rahmenbedingungen der pastoralen Arbeit insgesamt neu zu definieren (und das alles mehr oder weniger innerhalb eines Jahres), war mir von vornherein klar, dass dies überhaupt nur gehen könnte, wenn möglichst viele in die gemeinsame Arbeit einbezogen werden und sich als Teil der gemeinsamen Sache erleben, statt ihr kritisch bis unbeteiligt gegenüberzustehen. Für die Strukturierung der Aufgabe bot sich die Organisationsform des Projekts geradezu an. Da es aber genauso wichtig war, innergemeindlich politische Mehrheiten zu organisieren und gemeindliche Willensbildung zu ermöglichen, musste das Projekt in die vorhandenen synodalen Dialogstrukturen eingebunden werden. Wesentliche Motoren (oder im schlechten Fall Störfaktoren) des Prozesses würden die Mitglieder des Pastoralteams, also der hauptamtlich in der Pastoral Tätigen, sein, denen die Gemeinden jeweils ein hohes Maß an Vertrauen entgegenbringen und die jeder und jede ein hohes Maß an Fachwissen, beruflichen Erfahrungen und menschlichen und seelsorglichen Kompetenzen haben. Schließlich waren als wichtige Faktoren die gemeindliche und die außergemeindliche Öffentlichkeit in den Blick zu nehmen. Eine Pfarreiwerdung über die Köpfe der Menschen hinweg würde von vornherein zum Scheitern verurteilt sein.

Ich habe mich daher entschlossen, bereits bei einer ersten Klausurtagung mit dem neuen Pastoralteam schon einige Monate vor offizieller Übernahme der Aufgabe eine grundlegende Verständigung auf einen gemeinsamen Weg und die Vorgehensweise zu versuchen. Insgesamt gut zwei Tage haben wir uns gemeinsam Zeit genommen, unsere persönlichen Hintergründe, die eigenen beruflichen Visionen, das jeweilige Kirchenbild und unsere Sicht auf die Gemeinden und die Lage der Kirche in Deutschland einander kenntlich zu machen und nach Gemeinsamkeiten zu suchen. Frucht dieser Tage war ein erster Entwurf für das Projekt Pfarreiwerdung, der zwar in der Folge vielfache Veränderung erfahren hat, aber in seinen Grundzügen Geltung behalten hat. Im Pastoralteam haben wir uns unabhängig vom Projekt Pfarreiwerdung darüber hinaus auf einen Prozess der Teamentwicklung mit einer externen Begleitung verständigt.

Nach Vorstellung des gemeinsamen Entwurfs einer Projektstruktur für die Pfarreiwerdung innerhalb des nächsten Jahres im Pastoralausschuss und dessen Zustimmung, den Versuch zu wagen, war es nunmehr die erste und wichtigste Aufgabe, eine breite Basis für das Projekt zu schaffen. Im Respekt vor den gewählten Repräsentanten habe ich alle acht Pfarrgemeinderäte und die acht Verwaltungsräte besucht und das Konzept zur Pfarreiwerdung ausführlich vorgestellt. Ziel war dabei neben der Information auch die Werbung um Mitarbeit in den verschiedenen Teilprojekten. Gleichzeitig haben wir mit einem Informationsblatt in der gemeindlichen Öffentlichkeit versucht eine Basis zu legen. Bereits zu diesem Zeitpunkt wurde kommuniziert, dass sich an die Unterrichtung der Gremien eine Unterrichtung der Öffentlichkeit in mehreren dezentral angelegten Informationsveranstaltungen anschließen werde. Daneben haben wir versucht, über die Lokalpresse Informationen zum Projekt weiterzugeben. Es sei nicht verschwiegen, dass in einem der Pfarrgemeinderäte, noch bevor ich mit meiner Vorstellung des Projekts zu Ende war, bereits zwei Mitglieder ihren Rücktritt von allen Ämtern erklärt hatten, weil sie mit der grundsätzlichen Linie nicht einverstanden waren. Gottlob blieben es die einzigen Rücktritte während der gesamten Projektphase.

Entscheidend wichtig war die Einsicht im Pastoralausschuss, den Kreis der Mitarbeitenden im Projekt möglichst weit zu ziehen und daher zu dem projektierten Klausurtag Ende Oktober, der den Start der eigentlichen Arbeit im Projekt markieren sollte, offen einzuladen. Konkret angesprochen wurden alle Verantwortungsträger in den Gremien, also Pfarrgemeinderat, Verwaltungsrat der Kirchengemeinden und deren Ausschüsse, sowie die interessierte Öffentlichkeit. Insgesamt waren es auf diese Weise über 60 Teilnehmer am Projekttag und später in den Projektgruppen nochmals beinahe 20 Personen zusätzlich, die im engeren Sinne im Projekt engagiert waren. Für die Besetzung der Projektgruppen war es mir wichtig, dass in jeder Gruppe ein Mitglied des Pastoralteams im Rahmen seiner zeitlichen Möglichkeiten mitarbeitete und so die Kommunikation der Beratungen in den Gruppen auch zurück ins Pastoralteam gewahrt blieb. Im Einzelnen bildeten sich sechs Gruppen zu den Themenbereichen Kindertagesstätten, Pfarrbüro und Gemeindebüros, Finanzen und Verwaltung, Synodales, Öffentlichkeitsarbeit und Kommunikation sowie pastorale Leitlinien.

Die Bildung der Steuerungsgruppe erwies sich als Achilles-Ferse der Projektarchitektur, an der der Klausurtag an einer Stelle fast gescheitert wäre. Es war mir wichtig, dass in dieser Steuerungsgruppe kompetente Personen aus allen acht Gemeinden vertreten sein sollten. Aufgrund der engen zeitlichen Rahmenbedingungen war es aber nicht möglich, diese Personen durch die Gremien selbst bestimmen zu lassen. Daher habe ich von mir aus Personen angesprochen und zur Mitarbeit eingeladen und meinen Personalvorschlag beim Klausurtag dem Pastoralausschuss zur Abstimmung vorgelegt. Dies wurde – man kann sagen verständlicherweise – als Oktroyierung empfunden, zumal der Personalvorschlag in seiner Gesamtheit nicht in jeder Beziehung ausgewogen war (nur zwei Frauen). Schließlich konnten wir uns dennoch darauf verständigen – auch mit Verweis auf die nur relative Bedeutung der Steuerungsgruppe, die vorwiegend eine koordinierende Funktion zwischen den Projektgruppen übernehmen sollte.

Als sehr hilfreich erwies es sich, von vornherein dem Klausurtag (und damit dem Projekt) eine geistliche Gründung zuteilwerden zu lassen. Das an diesem Tag entstandene Gebet haben wir in der Folge immer wieder bei verschiedensten Gelegenheiten gebetet und uns erinnert, dass die Strukturen das eine, unser Miteinander im Heiligen Geist aber das andere und weit Wesentlichere ist. Ebenfalls glücklich war die Entscheidung, trotz des engen Zeitrahmens auch bei diesem Klausurtag nicht auf eine Erarbeitung gewisser pastoraler Leitlinien zu verzichten. Dies konnte natürlich nur relativ stark gelenkt und mit gewissen Vorarbeiten geschehen. Dennoch wurde diese Thematik von den Teilnehmern bereitwillig aufgenommen und in bemerkenswerter Weise in die Gründungsvereinbarung eingetragen. Neben der Formulierung einer Präambel entstanden neun kleine Kapitel, die zumindest einen Eindruck davon vermitteln, in welcher Richtung sich die Pastoral der neuen Pfarrei entwickeln könnte.

Die einzelnen Projektgruppen bekamen konkrete Aufgabenstellungen, die sie selbst für sich ergänzen und weiterentwickeln konnten, und den klaren Auftrag, in einer Frist von möglichst nicht länger als zwei Monaten Bestandteile einer Gründungsvereinbarung zu erarbeiten, die dann zur Grundlage für eine abschließende Beratung in allen Pfarrgemeinderäten und Verwaltungsräten sein würde. Zwar haben alle diese Beratungen und Willensbildungen kirchenrechtlich nur die

Kraft von Empfehlungen, da es allein das Recht des Bischofs ist, Pfarreien zu errichten oder aufzuheben. Gleichwohl haben wir im Projekt formuliert, dass es Ziel sei, eine einmütige Willensbildung zu erreichen. Für den Fall ablehnender Voten hatten wir vorgesehen, dass möglicherweise der Prozess zeitlich gestreckt werden könnte. Ich habe aber auch zugesichert, dass ich, wenn eine einmütige Zustimmung nicht zustande kommen würde, dem Bischof empfehlen würde, die Errichtung der neuen Pfarrei gegenwärtig nicht vorzunehmen.

Aufgrund der Rahmenbedingungen (Pfarreiwerdung möglichst bis zur Pfarrgemeinderatswahl im nächsten Jahr) war es klar, dass wir in allen Fällen Lösungen zu suchen hatten, die mit den bestehenden Ordnungen und Vorschriften in Synodalordnung und Kirchenvermögensverwaltungsgesetz vereinbar waren und keine Änderungen diözesaner Rechtsbestimmungen zur Voraussetzung hatten. Dies hat in manchen Fällen zu Enttäuschungen geführt, in anderen dazu, dass man zumindest auf dem Weg der dringenden Empfehlung für wichtig erachtete Regelungen in den Prozess eingebracht hat.

Für die Arbeit in den Projekten zeigte sich in der Folge, dass der relative Zeitdruck nicht immer ein Problem war, sondern da und dort sogar half, zu Lösungen zu kommen. So hätte die Gruppe Synodales sicher noch ein weiteres halbes Jahr die verschiedenen denkbaren Varianten einer künftigen Zusammensetzung des neuen Pfarrgemeinderats oder der künftigen Ortsausschüsse hin und her gewendet. Schlussendlich musste man sich aber der Einsicht beugen, dass es in all diesen Fragen nur eine begrenzte Zahl der möglichen Varianten geben konnte und man sich eben auf eine davon festlegen musste. Schließlich kamen alle Projektgruppen mit der Zeitvorgabe aus – außer der Gruppe Finanzen, die noch bis Mitte März verhandelte (allerdings zunehmend mit der Zuversicht, ein kompromissfähiges Ergebnis erzielen zu können).

In dieser Phase war es wichtig, eine intensive Kommunikation unter den Projektbeteiligten zu pflegen. Dank eines eigens dafür aufgebauten E-Mail-Verteilers war es möglich, immer wieder über Zwischenergebnisse zu informieren und den Stand des Projekts in Erinnerung zu halten. Auf diese Weise konnten die Projektbeteiligten ihrerseits auch in den gemeindlichen Gremien zeitnah informieren und sich rückversichern, ob eine gefundene Lösung dort mitgetragen würde oder nicht. Dies hat die spätere offizielle Beratung der Beratungsergebnisse in den Gremien deutlich entspannt.

Natürlich musste auch das eine oder andere Einzelgespräch geführt werden. Natürlich war es nötig, in bestimmten Situationen einen Kompromissvorschlag vorzubereiten oder vor der Beratung in der Projektgruppe auszuloten, welche Spielräume die Diözese uns jeweils einzuräumen bereit war. Im Ganzen aber sind sämtliche Ergebnisse transparent in den Projektgruppen entstanden und konnten auch mit marginalen Korrekturen in die Gründungsvereinbarung aufgenommen werden. Die Steuerungsgruppe hat ihrerseits die Ergebnisse der Beratungen um wenige, für wichtig erachtete Einzelbestimmungen ergänzt.

Anschließend wurde die Vereinbarung in allen synodalen Gremien beraten und ein Beschluss dazu herbeigeführt. Über die jeweiligen Abstimmungsergebnisse informierten wir über den schon angesprochenen E-Mail-Verteiler und in den Gottesdiensten jeweils zeitnah, immer verbunden mit der Bitte um das Gebet zum Heiligen Geist.

Schließlich konnten wir Ende Mai feierlich die Gründungsvereinbarung unterzeichnen und zur Genehmigung beim Bischöflichen Ordinariat einreichen. Was als Wunsch von einigen begonnen hatte, war zu einem gemeinsamen Projekt von vielen geworden.

14. Nicht jeder kann alles, keiner kann nichts – Ein Team werden in der Seelsorge

Von Susanne Degen

Wie läuft es bei euch? Das Bistum schaut mit Staunen auf eure Fortschritte hier in Oberursel.

Ja, es läuft, es ist spannend, es macht Spaß – wenn auch nicht durchgängig und nicht allen gleichermaßen, und zanken tun wir uns natürlich auch; immer mal wieder.

Vielleicht ist das das Geheimnis eures Erfolges; man sagt ja, Teams mit einer mittleren Konfliktspannung wären am leistungsfähigsten.

So weit ein kleiner Dialog am Rande. Ob nun der letzte Satz stimmt, sei dahingestellt, aber dass Konflikte in einem Team zur Normalität gehören und dass die Fähigkeit, miteinander streiten zu können, schon ein echtes Qualitätsmerkmal eines Teams ist, das haben wir einmal mehr durch unsere Teamentwicklung gelernt. Team meint hier das Pastoralteam der hauptamtlichen Seelsorger und Seelsorgerinnen. Ein Pastoralteam ist damit zunächst einmal nur ein relativ zufälliger Zusammenschluss von Menschen, die in einem von der Bistumsleitung umgrenzten geografischen Raum in der Gemeindeseelsorge arbeiten und zu regelmäßigen Dienstgesprächen und zur Zusammenarbeit verpflichtet sind (in unserem Fall eine Pastoralassistentin, drei Pastoralreferentinnen, eine Gemeindereferentin, zwei Priester, drei Diakone und zwei Pastoralreferenten).

Diese Rahmenbedingungen sagen allerdings noch wenig darüber aus, ob ein Pastoralteam auch wirklich ein Team ist. In unserem konkreten Fall wurden durch die Zusammenlegung zweier pastoraler Einheiten (Pastorale Räume) auch zwei Teams mit durchaus unterschiedlicher Teamkultur zusammengelegt. Das war schon eine Herausforderung, die dadurch noch verschärft wurde, dass sie in die Zeit fiel, als die Stelle des priesterlichen Leiters vakant war. Und ohne einen solchen sind auf Zukunft hin orientierte Entscheidungen in unserem System nicht möglich. Immerhin hatten es die beiden Teams geschafft, sich schon vor der Zusammenlegung eine Struktur der Zusammenarbeit zu geben. Was so trivial klingt, dass man sich etwa auf einen bestimmten Wochentag für das Dienstgespräch einigen muss, war in der Praxis nicht so einfach. Aber dadurch gelang der Übergang von zwei Teams zu einem Team doch recht gut, weil man sich im Wechsel jeweils für sich bzw. gemeinsam treffen konnte. Eine Vorgehensweise, wie die Tagesordnung entsteht, die Verabredung, dass die Sitzungen im Wechsel von zwei Personen moderiert wurden, und das zeitnahe Schreiben von Protokollen waren weitere hilfreiche Instrumente. Diese Arbeitsvereinbarungen waren die ersten praktischen Schritte, ein Team zu werden, und dass wir uns darauf doch recht zügig einigen konnten, war sicher auch der supervisorischen Begleitung in dieser Phase geschuldet.

Ein Team wird auch über gemeinsame Projekte und Ziele definiert. Unser erstes großes Projekt war uns mit der Zusammenlegung der Pastoralen Räume und der Aussage des Bischofs, dass die Pastoralen Räume die Pfarreien der Zukunft sein werden, ganz klar von außen vorgegeben. Und eigentlich ist es überflüssig zu schreiben, dass die Begeisterung für dieses Projekt im Team nicht homogen war. Aber über eine mehrtägige Klausur bildete sich der Konsens, sich gemeinsam mit dem neuen priesterlichen Leiter (auch Vakanzen dauern nicht ewig) und zwei weiteren „Neuzugängen“ diesem Projekt zu stellen und nicht auf Zeit zu spielen. Daneben gab und gibt es natürlich noch die Zielsetzung, „den Laden" während des Umbaus möglichst geräuschlos am Laufen zu halten. Von Anfang an war dabei klar, dass wir ein Team im Werden sind. Drei Personen waren neu dazugekommen. Eine davon hatte und hat dieses Team zu leiten. Nach den gemachten Erfahrungen, wie hilfreich gute Begleitung sein kann, kam sehr schnell die Entscheidung, dass wir eine Teamentwicklung brauchen. Die Themen, die wir dort bearbeiteten und bearbeiten, sind vielfältig. Ein besonders großes und gewichtiges Themenfeld ist die Neugestaltung und Verteilung von Arbeitsfeldern. Dass es auf Zukunft hin keinen Sinn macht, wenn jeder alles macht, war durchaus Konsens; wie allerdings die Arbeit aufgeteilt werden soll, war eine Frage, die in vielen Einzelschritten beantwortet werden musste. Zum einen bedeutete dieser Teil des Prozesses, dass im Grunde genommen jeder und jede sich von bisherigen Arbeitsfeldern verabschieden musste. Und während das einerseits Entlastung versprach, bedeutete es andererseits auch Verlust. Wenn man über Jahre hinweg in einem bestimmten Feld gearbeitet hat, aus innerer Begeisterung und Überzeugung diese Arbeit gestaltet hat und intensiv in Beziehungsnetzen verwoben ist, dann ist der Abschied davon mitunter schmerzlich. Die Neuverteilung bedeutete aber auch, dass damit eine große Chance da war, die unterschiedlichen Charismen der konkreten Seelsorger und Seelsorgerinnen ganz neu ins Spiel zu bringen. Für jeden Einzelnen hieß das, sich zunächst auch selbst zu fragen, welche Charismen man bei sich sieht, wo man in dem kreativen Chaos der Neuordnung auch eine Chance für mehr Entfaltungsmöglichkeiten wahrnimmt und für welche Sache man seinen Hut in den Ring werfen möchte. Und es war selbstverständlich auch eine Aufgabe des neuen Leiters, dazu Stellung zu beziehen, wo er die Begabungen der einzelnen Teammitglieder sieht und in welchen Verantwortungen er sie sich vorstellen kann. Manches fand sich sehr einfach, vor allem wenn sich nur eine Person um ein Feld „bewarb“. Und manche Arbeitsgebiete sind so umfänglich, dass man dort mit klaren Zuständigkeiten auch zu zweit oder zu dritt arbeiten kann. Kniffliger waren (und sind) die Felder, die man nicht brachliegen lassen kann, für die sich aber im ersten oder auch im zweiten Anlauf niemand bewirbt. Und dies auch deshalb, weil sie – antizipiert oder faktisch – mit Schwierigkeiten behaftet sind. In diesen Situationen wird deutlich, wie subtil das Gefüge eines Teams von verschiedenen Leitthemen durchzogen wird – und dies nicht nur, wenn es um die Verteilung der Arbeitsfelder geht. Es sind die Fragen nach der Solidarität („Wenn ich jetzt bereit war, diese Kröte zu schlucken, dann erwarte ich aber auch von anderen eine gewisse Flexibilität“), nach der Gerechtigkeit (Ist die Arbeitsbelastung gerecht verteilt? Ist das messbar? Und was bedeutet gerecht in diesem Zusammenhang?), nach der Wertschätzung (Wird überhaupt gesehen, was ich arbeite, und wird es entsprechend gewürdigt?) und nach Partizipation und dem Zustandekommen von Entscheidungen, auch nach Einfluss und Macht und nach der Position des Einzelnen im Team. Alles Themen, die man nicht so ohne weiteres angeht, weil sie im wahrsten Sinne des Wortes kritisch sind, die aber auch die Chance bieten, sich als Team zu entwickeln.

Belastungsproben waren auch immer die Situationen, in denen es inhaltlich einen großen Dissens gab, und dies nicht aus Lust am Diskutieren, sondern aus wahrhaft empfundener Überzeugung. Wenn es beispielsweise darum ging, ein erfolgreiches Konzept in einem Segment aufzugeben und einen neuen Weg zu beschreiten, für den es sehr gute Gründe gibt, weil er dem Fernziel einer sich selbsttragenden Pastoral mehr entspricht. Es ist ja keine Tugend, seine Überzeugungen leichtfertig aufzugeben. Auch da spielen die Themen Solidarität und Vertrauen eine große Rolle. Es ist die Bereitschaft gefordert, eine Entscheidung, die nach einem guten Dialogprozess getroffen worden ist, mitzutragen und nach außen hin positiv zu vertreten, auch wenn es innerlich noch schmerzt. Und es gilt, das, woran man – vielleicht lange – gearbeitet hat, vertrauensvoll in die Hände eines anderen zu legen.

Es lag in der Natur der Sache, dass wir uns vor allem an strukturellen und konzeptionellen Fragen abgearbeitet haben. Auch dafür kann man ein Feuer haben, aber es ist mitunter gar nicht so leicht auszuhalten, dass es ein paar Monate dauert, bis auch „Fleisch auf die Knochen kommt". Es ist ein Unterschied, ein Konzept zu entwerfen und es dann mit ganz konkreten Menschen auch umsetzen zu dürfen. Vielleicht rührte aus diesem Erleben heraus das Bedürfnis, sich als Team auch geistlich auf den Weg zu machen. Nicht dass es nicht schon immer einen geistlichen Einstieg in das Dienstgespräch gegeben hätte, wobei es auch da unterschiedliche Kulturen gab. Aber aus einem Teamtag heraus erwuchs eine kleine Gruppe, die sich damit kreativ beschäftigte. Heraus kam unter anderem, dass wir unsere Arbeitssitzungen in der Kirche beginnen, wo wir nicht schon mit einem Auge auf Ordner und Terminkalender schielen. Diesen Einstieg gibt es im Moment in drei verschiedenen Formen, schlicht und ohne großen Vorbereitungsaufwand. Und ein paar Minuten Stille, die es in allen drei Formen gibt, fallen in der Kirche einfach leichter als im Sitzungsraum. Ebenfalls die Frucht eines Teamtages war der Wunsch nach einem geistlichen Klausurtag (dabei sei in Klammern bemerkt, dass es keinen gab, der diese Idee in die Gruppe hineingetragen hat. Im Nachhinein hätte man nicht sagen können, wer die Idee hatte, sie war einfach da). Auch dafür haben wir uns Begleitung gesucht, weil es manchmal einfach besser ist, wenn jemand von außen sagt: „Wenn es Ermahnung in Christus gibt, Zuspruch aus Liebe, eine Gemeinschaft des Geistes, herzliche Zuneigung und Erbarmen, dann macht meine Freude dadurch vollkommen, dass ihr eines Sinnes seid, einander in Liebe verbunden, einmütig und einträchtig, dass ihr nichts aus Ehrgeiz und nichts aus Prahlerei tut. Sondern in Demut schätze einer den andern höher ein als sich selbst. Jeder achte nicht nur auf das eigene Wohl, sondern auch auf das der anderen. Seid untereinander so gesinnt, wie es dem Leben in Christus Jesus entspricht“ (Phil 2,1–5). Und klar: Wir haben am Ende dieses Tages auch miteinander Eucharistie gefeiert. Einfach nur unter uns, wenn auch nicht nur für uns.

Neben den gemeinsamen Zielen oder zumindest der gemeinsamen Suchbewegung nach dem Wohin sind es die gemeinsamen Quellen, aus denen man schöpft, die ein Team ausmachen können. Und bei aller Begrenztheit, die durchaus gegeben ist, weil es um Arbeitsbeziehungen, zum Teil mit Machtgefälle, geht, bleibt die Besonderheit eines Pastoralteams, dass keiner ohne eine Berufung einen solchen Beruf oder ein kirchliches Amt ausübt. Wie man unter den gegebenen Umständen auch geistlich miteinander in Beziehung sein kann, ist eine besondere Herausforderung, um die man aber nicht herumkommt. Ein Aspekt dieser Herausforderung ist sicherlich, dass man sich vor der spirituellen Überhöhung von Schwierigkeiten hüten muss und es daher gilt, sich beständig in der Unterscheidung der Geister zu üben.

Ein Pastoralteam hat die Besonderheit, dass es eigentlich nie gemeinsam in Aktion ist. Es ist weder so etwas wie eine Klassengemeinschaft, die über einen längeren Zeitraum zusammenwächst, noch so etwas wie ein Fußball- oder Basketballteam. Wir spielen nie alle direkt zusammen, nur im virtuellen Raum des Pastoralen Raumes bzw. der Pfarrei. Man trifft sich zu Dienstgesprächen, die randvoll mit Arbeit gefüllt sind, selbst die Pause wird noch für bilaterale Absprachen genutzt. Aus dem Bedürfnis, ein bisschen mehr Zeit füreinander zu haben und das Wir-Gefühl zu stärken, entwickelte sich die Idee der so genannten Team-Events, wo wir einfach nur miteinander unterwegs sind. Dass es etwas gibt, was alle gemeinsam tun, ist sehr sinnvoll, gerade in einem großen Team, in dem es „Neue“ und „Alteingesessene“ gibt, die einfach eine längere Beziehungsgeschichte haben, weil sie schon intensiv miteinander gearbeitet oder gemeinsam schwere Zeiten durchstanden haben. Das Geflecht der Beziehung, den „Kitt“ oder wie auch immer man das nennen möchte, sollte man nicht unterschätzen. Dabei ist klar, dass die Beziehungen untereinander kein symmetrisches Bild ergeben (und ein Qualitätsmerkmal eines Teams wäre es, sich dieses Bild immer mal anzusehen und gemeinsam darauf zu achten, dass Dynamik und Veränderbarkeit in den Konstellationen nicht verloren gehen). Aber Beziehungen der einzelnen Teammitglieder untereinander stärken auch die Stabilität des Teamgeflechts insgesamt. Sie entstehen zum Beispiel, wenn man miteinander in Projekten arbeitet und den oder die andere sehr konkret in der Verkündigung, im Feiern, im Dienst am Nächsten erlebt. Wie auch immer der „Kitt“ zustande kommt, er hilft besonders in krisenhaften Situationen: wenn es richtig Krach gegeben hat, wenn es starke Frustrationen gibt oder die Schwierigkeit einer Situation kollegiale Beratung nötig macht.

Falls der geneigte Leser bzw. die geneigte Leserin sich nun fragt, wie das denn mit dem Chef dieses Teams sei, der im bisher Gesagten äußerst selten vorgekommen ist, dann kann darauf geantwortet werden, dass noch genügend Arbeit übrig bleibt, die ein Team aus sich heraus nicht bewerkstelligen kann. Es entlastet ein Team, wenn jemand die Funktion hat, in entscheidenden Fragen inhaltlich in Vorleistung zu gehen, damit das Team dann eine Grundlage für die Diskussion hat. Es braucht jemanden, der die Ziele wach hält, wenn sie im Alltagsgeschäft unterzugehen drohen, bzw. den Prozess der Zielfindung anregt, wenn ein Ziel erreicht ist und ein neues zu definieren ist. Qua Amt muss jemand für eine Diskussionskultur sorgen, in der Minderheitsmeinungen gesagt werden können. Gegebenenfalls gilt es, diejenigen, die aufgrund ihres Auftrags neue Wege beschreiten und dafür angegriffen werden, zu schützen. Und das Recht und die Pflicht, mit jedem Einzelnen im Team – unabhängig von Sympathie und gewachsenen Beziehungen – im Kontakt zu sein und Vier-Augen-Gespräche (wie z. B. die Mitarbeitergespräche) zu führen, hat einen großen Wert für die Arbeit generell, aber auch für die Teamentwicklung. Die Liste ließe sich noch länger fortsetzen, aber das wäre dann ein anderes Kapitel.

Sei am Ende nur noch angemerkt, dass nun niemand glauben möge, dass mit dem hier Gesagten das Team hinreichend beschrieben wäre. Die Begrenztheit der Perspektive als Teil eines Ganzen ist schlechterdings nicht zu überwinden.

15. Wer nicht gegen uns ist, ist für uns – Öffentlichkeitsarbeit und Transparenz

Von Daniel Dere

Kirche und Medien – eine Vorbemerkung

Ein Blick in die Medienlandschaft macht eines deutlich: Kirche spielt in der öffentlichen, medialen Wahrnehmung – abseits von Skandalen und Papstbesuchen – keine Rolle mehr. Es sind allenfalls Randbemerkungen, die in den Leitmedien in Deutschland Zustand und Dasein von Kirche in den Blick nehmen.

Zu den moralischen Fragen unseres Lebensalltags wird Kirche kaum noch gehört – und wenn sie denn zitiert wird, dann wirkt dies oft lebensfern und wird belächelt. Von Kirche als öffentlicher Meinungsmacht kann also nicht mehr gesprochen werden. Dies soll keinesfalls eine Medienschelte sein – vielmehr ein Hinweis auf eine andauernde unglückliche Öffentlichkeitsarbeit der katholischen Kirche in Deutschland.

Die Sachlage verändert sich, wenn sich der Fokus verändert. Kirche vor Ort kann durchaus medial präsent sein – wenn sie es denn sein will. Und genau hierin liegt der zu beschreibende Knackpunkt. Regionale Zeitungen und die oft kostenlosen Mitteilungsblätter – zumal außerhalb der Großstädte – bieten auch heute noch durchaus Raum für Hinweise. Deren Lesermacht ist nicht zu unterschätzen. Schier unbegrenzt werden die Möglichkeiten, wenn die neuen Medien, Internet und Co., in den Blick genommen werden.

Bei allem ist eines vorwegzusagen: Mediale Präsenz braucht Beharrungsvermögen, Intensität und Professionalität. Wer die vielen Möglichkeiten, die sich gerade in der modernen Medienwelt bieten, ausschöpfen möchte, muss an der Entwicklung dranbleiben. Wer wahrgenommen werden möchte, darf heute nicht mehr in die Bastelschublade greifen, sondern muss auf Augenhöhe der medialen Umgebung mitspielen. Und mit Umgebung sind keinesfalls andere Kirchengemeinden oder ökumenische Geschwisterkirchen gemeint. Wer also gar Aufmerksamkeit erregen will, muss sich etwas einfallen lassen, was das Hergebrachte mit der Moderne versöhnt und damit gleichzeitig so vertrauenswürdig wie neu erscheint.

Auf dem Weg zu einer neuen Wahrnehmung – interne Kommunikation

Der Beginn des Zusammenlegungsprozesses unserer Gemeinden war für uns gleichzeitig auch Startschuss für eine neue mediale Präsenz. Die Schritte unseres Weges sollten nicht nur den Insidern der Gruppen und Gremien erkennbar werden, sondern gerade eben auch solchen, die wenig bis gar nichts von der katholischen Kirche in unseren Orten wahrnehmen.

Unser Ziel war es, den Zusammenlegungsweg in der äußeren Wahrnehmung als Weg von positiven Chancen zu beschreiben. Kein Zweifel, auch unter den hauptamtlich in der Seelsorge Tätigen war die Bildung einer solchen „Pfarrei neuen Typs“ keineswegs unumstritten, wie andere Stellen dieses Buches belegen. Lebenswichtig für die äußere Glaubwürdigkeit dieses Prozesses war aber gerade deswegen die Übereinkunft im Team, diesen als positive Herausforderung zu deuten. Dabei sollte es nicht um eine Manipulation der Öffentlichkeit gehen, sondern darum, ein gutes Zeichen des „Sich-Einlassens“ an die Menschen in unseren Gemeinden zu setzen.

Für diese Kommunikationsabsicht war es in unserem Falle sicherlich förderlich, dass eine priesterliche Neubesetzung erfolgte und somit ohnehin ein innerer Druck existierte, das Seelsorgerteam neu zu orientieren. Gleichzeitig brachte die Einführung der beiden neuen Pfarrer für die bis dahin acht Gemeinden ein Interesse bei der regionalen Presse mit sich, das nicht nur der Vorstellung der neuen Leitungspersonen, sondern damit unmittelbar verbunden auch der neuen Zielsetzung der gesamten hauptamtlich-seelsorgerischen Arbeit galt. Dieses Interesse ist bei unveränderten Personalkonstellationen sicher weitaus schwieriger zu erzeugen.

Durch die Vorstellung der neuen Pfarrer und damit das Erkennbarwerden der neuen Idee pastoraler Struktur war ein erstes Interesse in einer breiteren Öffentlichkeit, gerade auch bei den kommunalen und ökumenischen Partnern, geweckt.

Dieses Interesse galt es nun zunächst aber in den eigenen Reihen zu befriedigen, um nicht das Risiko einzugehen, in eine unkontrollierbare Gerüchtebildung abzurutschen. Weit mehr als um die weitere Öffentlichkeit ging es zunächst darum, Sorgen und Bedenken, wie sie in einem so grundlegenden Veränderungsprozess sicherlich normal sind, bei den Kirchennahen und kirchlichen Insidern wahrzunehmen und mit Lösungsvorschlägen zu kontrastieren. Für das Gelingen des Prozesses war es wichtig, nicht nur die eigene Planungsidee transparent zu machen, sondern eben gerade auch die geäußerten Bedenken in diesen Weg mit aufzunehmen. Dies gelang insofern, als der priesterliche Leiter alle Pfarrgemeinderäte und alle Verwaltungsräte (in Zahlen also 16 Gremien) detailreich und persönlich über den auf Grundlage der diözesanen Vorlagen vom Pastoralteam erarbeiteten Prozessvorschlag informierte. Hinzu kamen vier öffentliche Präsentationen der aufgrund der erhaltenen Rückmeldungen immer weiter modifizierten Vorlage, die jeweils von einer guten Anzahl von Gläubigen besucht wurden. Dieser Informationsweg war klar dialogisch ausgelegt – sicher mit einer ausgearbeiteten Vorlage, die aber gerade durch diesen Beratungsweg tatsächlich transparent und mitgestaltbar wurde.

Am Schluss dieses Weges stand nach zwei Monaten ein gemeinsamer Klausurtag aller gewählten Gremienmitglieder der acht Gemeinden, zu dem über 60 Personen zusammenkamen und letztendlich die gemeinsame Absicht formulierten– wenn auch niemals ohne Bedenken –, den Weg der Zusammenlegung anzugehen und zu gestalten. Ich bin überzeugt, dass der Schritt hierzu nicht so und vor allem nicht so schnell möglich gewesen wäre, wenn es nicht zuvor diesen anstrengenden, aber zielführenden Kommunikationsweg gegeben hätte.

Bezeichnend ist, dass erst nach diesem zwei Monate dauernden internen Prozess überhaupt an eine Kommunikation in die breite Öffentlichkeit gedacht werden konnte. Damit ist aber auch die Vorstellung, transparente Kommunikation sei einfach nur die unmittelbare Weitergabe aller zur Verfügung stehenden Information, ausgeräumt. Sinnvoll transparent ist eine Kommunikation, wenn es zum einen für die zu kommunizierende Botschaft mehr als nur einen Tradenten gibt und diese zum anderen die Sachlage auch verstehen und positiv weitertragen können. Dass dieses Weitertragen gerade die Aufgabe der ehrenamtlich am Prozess Beteiligten ist, muss dabei im Blick behalten werden. Kommunikation darf kein von hauptamtlicher Seite geleisteter Luxus sein, sondern muss gerade die Gemeindemitglieder mit einbeziehen.

Ein gemeinsames Pfarrblatt als kommunikativer Aufbruch

Eine erste Wegmarke im oben bereits genannten Kommunikationskonzept war die Erstellung eines gemeinsamen so genannten Pfarrblattes, also der Gottesdienst- und Terminordnung aller acht bisherigen Gemeinden. Wichtig war dabei, dieses Kommunikationsmittel den realen Gegebenheiten anzupassen. Die Vorgänger dieses „Pfarrblattes“ erschienen wöchentlich oder vierzehntäglich und setzten – in bester katholischer Absicht – auch den wöchentlichen Kirchgang als kontinuierliche Bezugsquelle voraus. Das aber ist immer weniger der Fall. Gerade Familien, die oft bewusst alle vier Wochen zu Familiengottesdiensten kommen, waren mit diesem Muster oft von für sie interessanten Informationen abgeschnitten. Das neue Pfarrblatt sollte also aus dieser Beobachtung heraus im monatlichen Rhythmus erscheinen, um es den nicht ganz regelmäßigen Kirchgängern immerhin leichter zu machen, à jour zu bleiben.

Außer der neuen Erscheinungsweise war es wichtig, dass im Pfarrblatt alle Gottesdienste aufgeführt sind, die im jeweiligen Kalendermonat in allen acht Gemeinden gefeiert werden. Dadurch sollte ein Blick auf die bereits vorhandene Vielfalt gottesdienstlicher Formen gelenkt und den Bedürfnissen der verschiedenen Gläubigen somit besser entsprochen werden.

Nach der Gottesdienstordnung folgten nun Hinweise auf Veranstaltungen auf der Ebene der neuen Pfarrei, die also für alle acht Kirchorte von Bedeutung sind, und am Schluss war je eine halbe Seite pro bisheriger Gemeinde reserviert, um gezielt ganz spezifische Termine für den einzelnen Ort angeben zu können.

Dieses neue Pfarrblatt hat sowohl auf hauptamtlicher wie auch auf ehrenamtlicher Seite einen Umdenkungsprozess ausgelöst. Gerade für uns Hauptamtliche wird eine langfristige Terminplanung immer wichtiger: Will ich eine Veranstaltung anbieten und diese im Pfarrblatt bewerben, muss ich den Redaktionsschluss und den Erscheinungsrhythmus bedenken. Diese Erfahrung hat gerade in den ersten beiden Monaten nach Beginn der neuen Erscheinungsweise zu Irritationen geführt. Nach mittlerweile einem knappen Jahr Laufzeit sind solche „Kinderkrankheiten“ jedoch ausgeräumt. Vielmehr werden mehr und mehr die erwarteten positiven Effekte des neuen Pfarrblatts sichtbar: gottesdienstliche Vielfalt, bessere Planbarkeit der Teilnahme an Veranstaltungen und eine kontinuierliche Information.

Kommunikation im Team als Voraussetzung

Die längerfristige Terminplanung – die diese Erscheinungsweise bedingt – war aber nur in enger Abstimmung im Pastoralteam sinnvoll zu erreichen. Gerade deswegen war es geradezu unabwendbar, die Terminplanung aus den Kalendern der einzelnen Mitarbeiterinnen und Mitarbeiter herauszuholen und in eine elektronische Datenbank zu übertragen. Ohne dieses System eines allen zugänglichen elektronischen Kalenders wäre eine sinnvolle Planung überhaupt nicht denkbar. Diese Datenbank, die auch gleichzeitig Grundlage für die Erstellung des Pfarrblattes ist, aber auch die Verfügbarkeit von Raumressourcen koordiniert, ist sozusagen das Fundament aller späteren Kommunikationsmöglichkeiten.

Hieran wird wiederum deutlich: Transparente Kommunikation bedarf unbedingt der Vorabklärungen, bzw. externer Kommunikation muss interne Kommunikation vorangehen. Ohne die dazu nötigen Hilfsmedien – wie in diesem Falle das elektronische Kalenderprogramm – bleibt Transparenz ein hehrer Wunsch. Das heißt aber in einem zweiten Schritt auch: Zunächst einmal muss das Terminmanagement der Mitarbeitenden im Pastoralteam untereinander transparent gemacht werden, um sodann eine Kommunikation von Angeboten und Möglichkeiten an eine externe Öffentlichkeit zu ermöglichen. Und in einem dritten Schritt ist zu bedenken: Technische Lösungen bedürfen einer qualitativen Ausgereiftheit und Erprobtheit, bevor sie belastbar eingesetzt werden können. Solche qualitativen Lösungen müssen sich an den Bedürfnissen der realen Arbeitssituation der Mitarbeitenden orientieren und können keine einfachen Lösungen von der Stange sein. Transparenz in der externen Kommunikation bedarf also im Umkehrschluss erstens der Investition in unterstützende technische Medien und zweitens des Einverständnisses der im Team Zusammenarbeitenden, diese zu nutzen und damit die eigene Arbeitsplanung (und letztlich auch die eigene Leistung) zumindest unter den Kolleginnen und Kollegen transparent zu machen. Ohne diesen Konsens sind alle weiteren Schritte nicht denkbar.

Klassische Medien im neuen Licht

Die beschriebenen Schritte sind für unseren Prozess notwendige Vorklärungen gewesen, um mit der neu entstehenden Pfarrei nicht nur eine neue Qualität hauptamtlicher Zusammenarbeit zu erreichen, sondern auch um tatsächlich noch einmal neu zu versuchen, in den Kontakt mit einer mehr oder weniger kirchenfernen Außenwelt zu treten.

Dabei geht es gar nicht darum, alles Bisherige über den Haufen zu werfen, sondern vielmehr, es im Licht neuer Gegebenheiten anzuschauen und zu verändern. Ich will versuchen, einige dieser Schritte in Kürze zu beleuchten:

So wird die neue Pfarrei St. Ursula auch weiterhin einen Pfarrbrief herausgeben, der dreimal im Jahr – zu Ostern, nach den schulischen Sommerferien und zu Beginn des Advent – alle katholischen Haushalte im Pfarrgebiet mit Berichten und Terminen der neuen Pfarrei versorgt. Die neue Qualität dabei wird sein, dass tatsächlich die ganze Pfarrei in den Blick genommen wird, wobei aber die einzelne Gemeinden in ihrer Identität gewahrt bleiben. Der Wirkungsgrad eines Pfarrbriefes hängt aber auch von seiner Erscheinungsart ab – und das ist durchaus mit kommerziellen Printmedien vergleichbar. Auf dem breiten deutschen Zeitschriftenmarkt finden auch nur solche Hefte ihre Kunden, die durch ihre Gestaltung und ihre Themen Leser förmlich anziehen. Für den Pfarrbrief heißt das, dass er das eigene Thema (Information) deutlich machen muss und dass er so gestaltet ist, dass er anspricht. Diesem Anspruch genügen die kleinen kirchlichen Kommunikationsmittel leider häufig nicht. Die Erfahrung zeigt jedoch, das gerade Ehrenamtliche, die Zeit und Energie in einen solchen Pfarrbrief hineinstecken, einem „wertigen“ Erscheinungsbild sehr offen gegenüberstehen. Ich habe selten weniger Beharrungsvermögen à la „Das war schon immer so“ erlebt als bei der Erarbeitung des neuen Pfarrbriefes mit einer großen Gruppe Ehrenamtlicher. Wichtig ist auch hier, das eigene, interne Ziel – das zu Kommunizierende seinem Wert entsprechend aufzubereiten – miteinander zu besprechen und zu vereinbaren. Die konkrete Umsetzung wird dann fast schon zum kleineren, vertrauten Schritt.

Ein weiteres Thema ist die Internetseite der neuen Pfarrei. Diese existiert bereits, spiegelt aber – da im Grundsatz schon vor Jahren entstanden – die acht sehr unterschiedlichen bisherigen Pfarreien. Dass die Homepage eine gemeinsame Plattform ist, gerät dabei leicht aus dem Blick.

Dabei hat sie für die zukünftige Kommunikation – keineswegs nur mit jüngeren Leuten – einen eminenten Wert. Die Homepage muss sich zukünftig also weniger an den einzelnen Kirchorten orientieren. Auch virtuell ist das Territorialprinzip aufzugeben. Vielmehr muss sich eine Homepage für die „Pfarrei neuen Typs“ stark an den Themen der pastoralen Arbeit orientieren. Hier müssen Antworten auf Fragen wie „Wie geht die Erstkommunionvorbereitung vonstatten?“ einfach zu finden sein. Auch weiterverweisende Kontakte müssen leicht und den jeweiligen Themen zugeordnet auffindbar sein.

Die Homepage muss also das kommunikative Bedürfnis ihres Benutzers geradezu schon erahnen. Nur so – durch den sich einstellenden Informationserfolg – wird der Benutzer zum weiteren Nachlesen und zum kontinuierlichen Besuch der Seite verleitet.

Neben der kommunikativen Struktur bleibt die Aktualität der angebotenen Information sicher die größte Herausforderung. Dass das nur im seltensten Fall ehrenamtlich zu leisten ist, ist dabei immer mitzubedenken. Das bedeutet mit Blick auf die Planung der Arbeitsabläufe konkret, dass zumindest ein Hauptamtlicher und/oder eine Sekretärin die Inhalte der Homepage kontinuierlich auf ihre Aktualität hin überprüfen und anpassen. Das Internet ist letztendlich – weil es von sich aus keine Hemmschwellen in den Weg legt – das missionarischste Medium, das uns zur Verfügung steht. Arbeitszeit für die Pflege einer Homepage einzuplanen und dafür an anderen Stellen zu kappen, ist also kein Weniger an Pastoral, sondern tatsächlich eine missionarische Tat. Dies gilt erst recht dann, wenn weitere Internetoptionen – so zum Beispiel (mit allen Vorbehalten) die Nutzung von Facebook und Twitter – in Betracht gezogen werden können. Gerade hier gilt – mehr als bei allen Printmedien – der Satz, mit dem dieser Abschnitt überschrieben ist, „Wer nicht gegen uns ist, der ist für uns“. Wir müssen als Kirche jede, aber auch wirklich jede sich anbietende Kommunikationsform nutzen. Nicht um sich „hippen“ und technikaffinen Milieus anzubiedern, sondern weil es geradezu eine evangeliare Pflicht ist, die Frohe Botschaft auf jedem nur möglichen Weg zu allen Menschen zu tragen. Internetkommunikation ist evangeliare Mission – und damit ernsthaft zu betrachtendes Feld pastoraler Arbeit.

Die neu entstehende Pfarrei muss – auch über ihre gedruckten und elektronischen Medien – ein einheitlich wahrnehmbares Erscheinungsbild haben. Das gelingt auch über die Nutzung eines Logos. In der Vergangenheit sind die Kirchtürme sozusagen die Logos der territorialen Pfarreien gewesen. Noch vor jeder Kommunikation zogen die Kirchtürme die Aufmerksamkeit schon von weitem auf sich und lockten die Menschen zu den Kirchen hin. Kein Wunder also, dass der Kirchturm auch heute für die allermeisten Ortspfarreien das naheliegendste aller Logos ist, das ihre Medien und ihr Briefpapier prägt.

Beim Entstehen einer neuen Pfarrei aus bisher acht – von denen immerhin sieben über einen Kirchturm verfügen – wird die Sache schwieriger. Ein Logo soll für eindeutige Erkennbarkeit stehen, auf den ersten Blick muss klar sein, um was es geht. Von daher ist es leicht einzusehen, dass auch eine Collage aus sieben Kirchtürmen kein Logo für eine neue Pfarrei ergibt. Daher sind wir bei der Suche noch einen Schritt zurückgegangen und schließlich beim Kreuz als dem ersten und unüberbietbaren Logo für Christen gelandet.

Das Kreuz – ergänzt um den Namen der Pfarrei (St. Ursula), um unsere lokale Identität, eben „katholische Kirche in Oberursel und Steinbach" zu sein, zu betonen – bildet nun also das Logo der Pfarrei. Das Kreuz ist in doppelten Strichen angelegt, also insgesamt acht, die auf die Geschichte der acht bisherigen Pfarreien verweisen.

Ein Logo muss aber mehr können, als nur Traditionen zu fassen. Es muss „verkaufen", Gefühle wecken und Identität stiften. Deswegen wird vom Logo, das in vielfältigsten Kontexten wie Türschildern, Briefköpfen, Fahnen, Printmedien und Internet auftauchen wird, eine nonverbale Botschaft ausgehen. Wo dieses Zeichen sichtbar wird, ist die katholische Kirche in Oberursel und Steinbach präsent – und damit alles, was der

Betrachter mit dieser „Marke“ an Wissen und Emotion verbindet. Das Logo leistet also Identifikationsarbeit. Gerade deswegen muss es bei den Kommunikationserwägungen einen zentralen Rang einnehmen. Im Logo, das allen Kommunikationsmedien eigen sein wird, wird Kirche vor Ort und in den vielen Orten als eine Einheit wahrnehmbar. Und das genau ist vielleicht die zentrale Chance der neuen, großen Pfarrei. Nicht ein territorialer Ortsverbund zu sein, sondern mehr und mehr ein lebendiges Netzwerk des Glaubens mit vielfältigen Facetten.

Ein kurzes (vorläufiges) Fazit

Am Ende dieser Wegbeschreibung bleibt festzuhalten: Kirche vor Ort darf keine Scheu vor der Öffentlichkeit haben, sondern muss diese, wo immer es möglich ist, suchen.

Dies gelingt am besten dann, wenn, ausgehend von den hauptamtlich Mitarbeitenden, mehr und mehr eine Kultur der Transparenz eingeübt wird. Dabei sind ausgetretene Pfade zu verlassen und technikbezogene wie persönliche Ressentiments zu überwinden. Gelingt dies dem Pastoralteam, können über dessen Kommunikation und kleine Medien wie das Pfarrblatt zunächst die Kirchentreuen und die Schar der Ehrenamtlichen mit ins Boot genommen werden.

Wenn sich der Kreis der Insider gut informiert und in der Kommunikation wirklich ernst genommen fühlt, gelingt der Schritt in die unbestimmte Weite der darüber hinausgehenden Kommunikation mit Kirchenfernen und sogar mit Anders- oder Nicht-Glaubenden. Kommunikation – egal welcher medialen Prägung – ist Mission. Eine Mission, die wir in Oberursel und Steinbach anzunehmen versuchen. Letztlich bleibt im Kleinen die Herausforderung die gleiche, wie die, an der kirchliche Kommunikation oft scheitert: Es muss uns gelingen, unsere Ziele und Gedanken verständlich zu machen. Je mehr Medien wir dazu qualitativ für uns nutzbar machen, desto höher erscheint mir die Chance, dass dieses Ziel erreicht werden kann.

16. Da könnte ja jetzt jeder kommen … – Vom Umgang mit bischöflichen Behörden

Von Andreas Unfried

Eine entscheidende Rahmenbedingung unseres Pfarreiwerdungsprozesses war und ist, dass es seitens der Diözese ein ebenso großes Interesse am Gelingen dieses Prozesses gab und gibt wie auf Seiten der Gemeinden. Das hat immer wieder dazu geführt, dass die kommunikativen Wege kurz gehalten werden konnten und die Bearbeitungszeiten für zu klärende Fragen sich im Rahmen hielten. Dabei muss man sich immer vor Augen halten, dass eine Diözesanverwaltung (wie wahrscheinlich jede größere Verwaltung) ganz spezifische Stärken und eben auch typische Schwächen hat. Zu den Stärken der Verwaltung zählt, dass sie sehr leicht in der Lage ist, eine einmal gefundene Lösung auf andere, ähnlich gelagerte Situationen zu übertragen. Eine weitere Stärke besteht in der Umsicht und Übersicht der Verwaltung sowie in dem dort vorhandenen Erfahrungswissen. Meist beruhen Verwaltungsvorschriften ja auf einem zuvor beobachteten Missstand, dem man künftig vorbeugen will. Da diese Missstände in aller Regel nicht Fiktion, sondern bereits irgendwo einmal eingetretene Realität sind, tut man gut daran, die entsprechenden Normen ernst zu nehmen, weil sie wertvolle Fingerzeige geben können, welche Fallen oder Sackgassen man vermeiden kann.

Eine unbestreitbare Schwäche von Verwaltungen ist der Umgang mit einer neuen Situation oder einem Einzelfall. Denn der Einzelfall ist für die Behörde niemals einfach ein Einzelfall, sondern immer der potentielle Präzedenzfall, das Muster, auf dessen Hintergrund künftig alle weiteren möglicherweise auftretenden Fälle entschieden werden sollen. Der Einzelfall stellt den damit befassten Sachbearbeiter vor eine Aufgabe von für ihn ungeheurer Tragweite: Er soll entscheiden, wie das Bistum jetzt und künftig in einer meist nicht näher abschätzbaren Zahl von Fällen handeln soll. Aufgrund der meist klaren hierarchischen Struktur von Verwaltungen führt das klassischerweise dazu, dass eine solche Entscheidung entweder nach oben in Richtung der Vorgesetzten weitergereicht wird oder man sie in den internen Rundlauf aller möglicherweise davon betroffenen Dienststellen gibt. Im schlimmsten Fall geschieht beides zugleich. Aus Sicht der Verwaltung ist dieses Verhalten nur logisch: Bevor man eine falsche Auskunft gibt, möchte man lieber gar keine geben. Für den Antragsteller ist es eine Qual. Nicht nur dass solche Abstimmungsprozesse unabsehbar lange brauchen können, es ist auch für die Mitarbeiter der Diözesanverwaltung selbst oft nicht überschaubar, in welchem Stadium der Bearbeitung sich ein Antrag befindet.

Dies berücksichtigend, haben wir in allen sensiblen Fragen versucht, nach folgenden Prinzipien zu handeln: Da die Pfarreiwerdung sehr zeitnah, möglichst innerhalb eines Jahres, erfolgen sollte, haben wir uns als Rahmenbedingung gesetzt, dass alle zu findenden Lösungen für auftretende Probleme sich im Rahmen der geltenden Gesetze und Vorschriften bewegen mussten. Synodalordnung und Kirchenvermögensverwaltungsgesetz waren für uns gewissermaßen der gesteckte Rahmen, innerhalb dessen wir uns mit unseren Überlegungen bewegen wollten und konnten. Ebenso war das geltende Statut für die Pfarrseelsorge eine unbefragte Rahmenbedingung. Natürlich wäre es an der einen oder anderen Stelle wünschenswert erschienen, den gegebenen Rahmen auf die neue Situation hin anzupassen. So würden sich alle Verwaltungsräte eine Besetzung des neuen Verwaltungsrats wünschen, in der garantiert wäre, dass jeder Kirchort durch eine Person im Gremium vertreten wäre. Da das Kirchenvermögensverwaltungsgesetz und die entsprechende Wahlordnung dies aber nicht hergeben, musste es an dieser Stelle bei einer dringenden Empfehlung an den neuen Pfarrgemeinderat bleiben. Eine Änderung des Gesetzes zur Voraussetzung für die Pfarreiwerdung zu machen, hätte den gesamten Prozess um Monate, vielleicht Jahre verlängert.

Der zweite wichtige Kunstgriff bestand darin, in die Arbeit der einzelnen Projektgruppen den entsprechenden Sachverstand der Diözese immer zeitnah einzubeziehen. Dabei bestand die Kunst darin, jeweils die richtige Ebene in der Hierarchie der Verwaltung anzuzielen. Zielt man dabei zu tief, hat man viel Sachverstand, aber wenig Entscheidungsbefugnis mit am Tisch. Zielt man zu hoch, ist es umgekehrt und damit genauso wenig hilfreich.

Für manche Fragen musste schließlich auch das Zauberwort „ad experimentum“ eingeführt werden, um sie einer Lösung zuzuführen. Längst nicht von jeder Frage lässt sich ja im Vorhinein sagen, ob sie später tatsächlich einmal als Präzedenzfall für das ganze Bistum dienen kann oder ob sie sich diözesan als Holzweg entpuppen wird. So war bei uns die Frage nach der künftigen Verwaltung von insgesamt sieben Kindertagesstätten zu klären. Allen Beteiligten war klar, dass dies die Fähigkeiten und Ressourcen eines ehrenamtlichen Verwaltungsrates bei weitem überschreiten würde. Genauso klar war auch, dass alternative Trägermodelle, wie sie in unserem Bistum bereits seit einigen Jahren diskutiert werden (Verwaltung durch den Bezirkscaritasverband, Gründung einer diözesanen Stiftung, Bildung von Zweckverbänden), kurzfristig nicht zur Verfügung stehen würden. Daraus ergab sich der Lösungsvorschlag, die Kitas unter Beibehaltung der gemeindlichen Trägerschaft in die Betriebsführung durch einen hauptamtlich beim Bistum beschäftigten Geschäftsführer zu übertragen.

Dazu wurde jeweils ein Geschäftsbesorgungsvertrag mit dem Bistum geschlossen und über die partielle Refinanzierung mit der Kommune verhandelt. Bis heute kann niemand seriös voraussagen, ob es sich dabei um ein Modell für die Zukunft oder eine mehr oder weniger zufällige glückliche Einzelfallentscheidung handelt. Folglich tun alle Seiten gut daran, in dieser Frage zunächst Erfahrungen zu sammeln und ein wenig Zeit ins Land gehen zu lassen.

Wichtig ist bei alledem, sich die unterschiedlichen Blickwinkel immer wieder vor Augen zu führen. Für die Bistumsverwaltung zählt das Große und Ganze. Man will sich möglichst nicht korrigieren müssen. Man braucht Zeit, um interne Abstimmungen durchführen zu können. Und – auch das: Die Sachfragen haben verwaltungsintern immer noch eine andere Dimension: Da geht es um Zuständigkeiten und politisches Gewicht, um das Aushandeln von Budgets und Einfluss zwischen Dezernaten und Dienststellen. Und immer spielt es eine nicht unwichtige Rolle, ob das Auge der Bistumsleitung auf einer Frage ruht oder gerade mit ganz anderem beschäftigt ist. Manchmal ist es bei allem guten Willen, den ich allen Mitarbeitern der bischöflichen Verwaltung natürlich unterstelle, nicht unwichtig, die handelnden Personen an die Sicht der Dinge zu erinnern, wie sie sich aus der Perspektive der Pfarrei ergeben. Man kann von keinem Verwaltungsrat, der sein Metier ernst nimmt, erwarten, dass er einem Zusammenschluss von acht Pfarrgemeinden zu einer Pfarrei zustimmt, ohne dass die Frage der Verwaltung der sieben Kitas befriedigend geklärt ist. Man kann kein zentrales Pfarrbüro aufbauen, ohne dass Grundentscheidungen über die zu verwendende Software für eine gemeinsame Kalenderführung zeitnah getroffen sind.

Die Besonderheit unseres Prozesses stellte nun dar, dass wir für unser Bistum zumindest viele Fragen zum ersten Mal aufgeworfen haben. Daher hielt sich das, was das Bistum an Rat und Hilfe zu geben in der Lage war, in bestimmten Grenzen. Andererseits war es hilfreich zu erleben, dass eine Bistumsverwaltung sich mit auf den Weg begibt, Lösungen zu sichten und zu bewerten. In diesem kommunikativen Prozess konnte einiges an Vorurteilen gegenüber „denen da oben" abgebaut und relativiert werden. Ob es auch zum Abbau von Vorurteilen gegenüber „denen da unten" beigetragen hat, darf zumindest erhofft werden.

17. Gemeinsamer Weg, gemeinsame Verantwortung – Vom Segen des Synodalprinzips

Von Andreas Unfried

In innerdiözesanen Diskussionen kann man mittlerweile nicht mehr nur hinter vorgehaltener Hand hören, die Debattenkultur, wie sie sich im Gefolge der Synodalordnung in unserem Bistum entwickelt habe, gehöre eindeutig ins 20. und nicht mehr ins 21. Jahrhundert. Meine Erfahrung mit der synodalen Mitverantwortung spricht für das Gegenteil. Zunächst war es ja einfach aus der Not geboren, dass wir für unseren Pfarreiwerdungsprozess darauf angewiesen waren, Lösungen zu entwickeln, die mit den geltenden diözesanen Vorschriften vollständig im Einklang standen. Anders wäre das Ziel der Pfarreiwerdung innerhalb eines Jahres ja gar nicht zu erreichen gewesen. Im Zuge der Beratungen aber zeigte sich, dass die geltenden Bestimmungen der Synodalordnung – wiewohl mit Sicherheit nicht für eine Situation wie die unsere entwickelt – in hervorragender Weise auf die Herausforderungen antworten, vor denen wir nun stehen.

Wesentliches Prinzip der synodalen Verfassung unseres Bistums ist ja der Dialog von Amt und Mandat. Gerade dieser Dialog kommt bereits da an seine Grenze, wo ein Pfarrer in Personalunion mehrere Pfarreien übernehmen muss und daher der Dialogpartner mehrerer Pfarrgemeinderäte sein soll. Natürlich kann man sich vertreten lassen oder vereinbaren, zumindest bei jeder zweiten Sitzung dabei zu sein. Dem Geist der Synodalordnung entspricht es nicht. Den Dialog auf Ebene des Pastoralen Raums zu führen entspricht zumindest so lange nicht Geist und Buchstaben der Synodalordnung, wie dieser

Ebene nicht der Rang und die Bedeutung als Pfarrei zukommt. Mit der Pfarreiwerdung erreichen wir genau diesen Status.

Unsere Synodalordnung sieht vor, dass vor jeder Wahl eine Aufteilung des Pfarreigebiets nach Gebietsteilen erfolgen kann. Diese ursprünglich für kirchliche Situationen in der Diaspora entwickelte Bestimmung kam uns jetzt zugute, weil sie ermöglichte festzulegen, dass im kommenden Pfarrgemeinderat je zwei Vertreter aus jeder der ehemaligen Gemeinden mit Sitz und Stimme vertreten sein sollten. Die Vertretung nichtterritorialer Kirchorte im Pfarrgemeinderat sieht die Synodalordnung bisher nicht vor. Hier wäre möglicherweise eine Ergänzung wünschenswert. Allerdings muss die künftige Entwicklung erst zeigen, ob durch eine solche Einbindung von Kirchorten anderer Art eine Verbesserung des pastoralen Miteinanders erreicht werden kann.

Die Sorge für das kirchliche Leben am Kirchort soll künftig durch Ortsausschüsse wahrgenommen werden. Auch diese kennt die Synodalordnung ursprünglich im Zusammenhang mit Diaspora-Situationen. Mit guten Gründen sind Ortsausschüsse in ihrer Funktion und ihrer Kompetenz den Sachausschüssen des Pfarrgemeinderats gleichgestellt. So wird verhindert, dass sich am Ort eine lokale „Nebenregierung“ in Konkurrenz zum Pfarrgemeinderat entwickelt, andererseits aber der Tatsache Rechnung getragen, dass viele Fragen, die das kirchliche Leben vor Ort betreffen, nur dort mit der nötigen Sachkenntnis entschieden und mit dem nötigen Engagement umgesetzt werden können. Künftig werden dem Kirchort oder der Gemeinde ganz wichtige Kompetenzen zufallen. Hier wird man sich um den lebendigen Kontakt zur Kita ebenso sorgen müssen wie um ein gutes Miteinander mit den anderen Konfessionen. Hier wird die Brücke zu den örtlichen Vereinen zu schlagen sein. Aber es wird auch um die Fortentwicklung der Pastoral gehen. Wenn der Pfarrgemeinderat den Weg einschlagen möchte, Kleine Christliche Gemeinschaften zu fördern, dann wird der Ortsausschuss der Ort sein, an dem diese sich wiederum vernetzen. Vielleicht kann der Ortsausschuss sogar seinerseits solche pastoralen Impulse setzen.

Da es künftig keinen Verwaltungsrat auf lokaler Ebene mehr geben wird, wird dem Ortsausschuss in Gestalt von dazu konkret per Gattungsvollmacht beauftragten Personen auch in bestimmtem Umfang die Organisation der Verwaltung übertragen werden. In gewisser Weise wird die Arbeit des Ortsausschusses künftig also jener eines evangelischen Kirchenvorstands ähneln, in dem immer schon beide Aufgaben – Pastoral und Verwaltung – zusammengefallen sind. Eine solche Entwicklung sieht die Synodalordnung zwar nicht vor, sie widerspricht dem aber auch nicht.

Daneben gewinnt das Subsidiaritätsprinzip – ursprünglich ja im Rahmen der katholischen Soziallehre entwickelt – eine neue Bedeutung im Gemeindeaufbau. Der neue Pfarrgemeinderat der Großgemeinde wird sich bescheiden müssen, jene Aufgaben von übergemeindlicher Bedeutung anzugehen. Alles, was vor Ort entschieden werden kann (weil man dort ausreichend qualifiziert dazu ist und niemand anderer betroffen ist), wird und soll auch vor Ort entschieden werden. Umgekehrt müssen alle anderen Fragen an die nächsthöhere Stelle weitergereicht werden.

Eine Kirche, die künftig verstärkt darauf setzen will, dass Gemeinden selbsttragende Strukturen entwickeln, kommt meines Erachtens gar nicht darum herum, ihren Gemeindemitgliedern auch transparente Strukturen der Mitverantwortung anzubieten. Die Synodalordnung bietet dafür eine erprobte Basis. Die Ergebnisse, die auf synodalem Weg in unserem Bistum in der Vergangenheit erreicht werden konnten, sprechen ihre eigene Sprache. So wurden nicht nur umfangreiche Sparmaßnahmen, sondern auch wesentliche Veränderungen in der Kirchenstruktur, wie die Bildung und der Zuschnitt von Pastoralen Räumen, synodal mitverantwortet. Ein Prozess wie der unsere würde als Maßnahme „von oben" demotivierend und kirchenspaltend wirken. Als synodal organisierte Willensbildung wirkt er aber im Gegenteil gemeindebildend und gemeinschaftsfördernd.

Ich kann nicht sagen, dass ich mich jedes Mal freue, wenn ich einen Sitzungsabend vor mir habe. Aber ich kann sagen, dass ich mich jedes Mal freue, wenn ich mich in einer kniffligen Frage, die viele betrifft, auf den synodalen Rat und die synodale Mitverantwortung stützen kann.

18. Wir gehen doch nicht allein – Geistliche Gründung eines Wandlungsprozesses. Ein imaginärer Dialog

Von Susanne Degen und Clemens Olbrich

Geistliche Gründung eines Wandlungsprozesses? Wie soll das gehen? Wo ist da zu beginnen, wohin soll die Reise gehen? Am Anfang standen viele Fragen und es gab wenig an Vorerfahrungen. Aber dafür gab es eine Vorgabe, die nicht gerade hilfreich für das Bedenken der Situation und das Entwickeln von Ideen war: Der Pfarreiwerdungsprozess sollte zügig vonstatten gehen. Und dann das Ganze geistlich begleiten oder gar als geistlichen Prozess verstehen?

Aber dann siegte doch die Gewissheit, dass es ohne ein geistliches Betrachten und Begleiten der Schritte auf dem Weg hin zu einer Pfarrei nicht geht – zumindest nicht gut geht. Wenn uns das, was in unserer täglichen pastoralen Arbeit eine große Rolle spielt, die geistliche Dimension unseres Miteinanders, wirklich so wichtig ist, dann darf sie auch auf diesem Weg nicht fehlen.

Und nachdem diese Entscheidung gefallen war, dass zwei aus dem Pastoralteam die geistliche Begleitung dieses Prozesses im Blick haben sollen, ging es für uns los. Was für Angebote sind hilfreich, welche Zielgruppe ist von uns in den Blick zu nehmen? Was wollen wir eigentlich mit unserer Arbeit bewirken?

Heraus kam bei unseren Überlegungen eine Reihe von verschiedenen Elementen, die ihren Platz an verschiedenen Wegmarken des gemeinsamen Prozesses fanden. Da war zunächst das Gestalten eines geistlichen Rahmens für den Klausurtag der Pfarrgemeinde- und Verwaltungsräte am Anfang. Dann gab es die Weggottesdienste an verschiedenen wichtigen Wendepunkten des Prozesses. Und zuletzt waren es auch geistliche Impulse, die – von uns vorbereitet – den Treffen der vielen verschiedenen Arbeitsgruppen, bei denen es naturgemäß oftmals nur um die „knallharten Fakten“ ging, ein geistliches Gepräge geben sollten.

Wenn ich eine Überschrift für unsere Bemühungen wählen sollte, dann würde sie lauten: „Sehnsucht contra Realität“. Es war der Spagat hinzubekommen zwischen dem, was wir uns alles an Möglichkeiten gewünscht hätten, und dem, was realistischerweise machbar war.

Ja, und damit waren wir mitten im richtigen Leben angekommen, denn so ist es immer: Die Ressourcen, vor allem die zeitlichen, sind begrenzt und letztlich muss sich jede spirituelle Suchbewegung auch der Frage stellen, ob sie alltagstauglich ist. Sicher, wir hätten uns gewünscht, mit allen am Prozess interessierten Menschen erst einmal in einen tiefen und intensiven Austausch darüber zu kommen, warum es uns denn so wichtig ist, dass kirchliches Leben katholischer Prägung in unseren beiden Städten eine Zukunft haben soll und warum uns unser christlicher Glaube so wichtig ist, dass wir auch bereit sind, dafür große Anstrengungen zu unternehmen. Ja, wir hätten uns gern ausgiebig Zeit für das genommen, was pastoraltheologisch „Sammlung“ heißt. Es wäre sicher gut gewesen, das zu tun, weil es immer gut ist – für jeden Einzelnen selbst und für die Gemeinschaft –, mit den eigenen Quellen und der ganz persönlichen Motivation spürbar in Berührung zu kommen. Aber dann ist uns auch klar geworden, dass wir nicht ohne Voraussetzungen starten und unser Prozess nicht bei null beginnt. All die Menschen, die sich in den Gremien und in der Gemeindearbeit engagieren, haben eine Geschichte mit ihrem Glauben. Die meisten sind schon viele Wege in der pastoralen Entwicklung mitgegangen und die meisten haben ein Fundament, das nicht zu unterschätzen ist. Wer Sonntag für Sonntag, Jahr um Jahr in den Gottesdienst geht und sein Leben dorthin mitnimmt und von dort etwas in sein Leben trägt und wirken lässt, der hat gute Voraussetzungen dafür, auch in einem Pfarreiwerdungsprozess mit vielen strukturellen Fragen die geistliche Dimension zu entdecken.

So stand am Anfang, d. h. zu Beginn des Klausurtages, mit dem die Projektgruppen ihre Arbeit begannen, die Ermutigung, die vor uns liegende Arbeit auch als einen geistlichen Prozess zu sehen. Dazu gehörte, in aller Demut und Ehrlichkeit auch zu benennen, dass wir durchaus Bedenken und großen Respekt vor der anstehenden Aufgabe hatten. Wir haben versucht, den Blick dafür zu öffnen, welche geistlichen Themen in dem Prozess stecken, wie beispielsweise die Frage, wie man sich in der Sache trefflich streiten und mit dem anderen als Bruder bzw. Schwester doch auf der Herzensebene verbunden sein kann. Und dass wir den Heiligen Geist um Beistand und Kreativität angerufen haben, braucht wohl kaum noch erwähnt zu werden. Am Schluss des Klausurtages haben wir miteinander die wunderbare Geschichte gelesen, in der es heißt „und Sara lachte". Trotz all der Schwierigkeiten, die vor uns lagen, waren eine Zuversicht und eine Bereitschaft da, es gemeinsam zu schaffen und den Möglichkeiten Gottes nicht vorschnell eine Grenze zu ziehen.

Und nachdem wir am Ende unseres Klausurtages durchaus ermutigt, aber mit viel Respekt vor den anstehenden Aufgaben auseinandergegangen waren, ging es mit ganz konkreten Fragen für uns weiter. Was wird wohl die einzelnen Arbeitsgruppen, die sehr unterschiedliche Themen zu beackern hatten, beschäftigen? Was für Gefühle auf der einen und was für konkrete Aufgaben auf der anderen Seite sind in den Gruppen virulent? Schnell kamen wir zu der Überzeugung, dass wir den Gruppen während ihres langen Weges etwas an die Hand geben wollten, das sie auf ihrem Weg stärkt und ermutigt. Aber zugleich war uns auch klar, dass wir nur einzelne Facetten aufgreifen konnten.

Zwei Bausteine gaben wir den Gruppen mit auf den Weg: einen Geistlichen Impuls für das erste Treffen der jeweiligen Gruppen und einen weiteren Geistlichen Impuls für alle Mitwirkenden, der jeweils einzeln zu Hause bedacht werden sollte.

Der eine Impuls, mit dem das erste Treffen der Arbeitsgruppen starten sollte, war eine Einladung zum Betrachten der Bibelstelle, in der Jesus dem Sturm, der seine Jünger ängstigt, beruhigt. Hier prallten unsere Idee und die Realität hart aufeinander. Da war einerseits unser Wunsch, vor allem „Loslegen mit der Arbeit“ innezuhalten und sich dem Wort Gottes auszusetzen. Alle Beteiligten sollten sich angesichts der Herkulesaufgabe, die vor uns lag, durch die Erzählung der Stillung des Seesturms sozusagen von Jesus selbst ermutigen und beruhigen lassen. Andererseits war da die Erwartungshaltung der Arbeitsgruppen, nach dem langen Klausurtag und vielen Vorinformationen endlich auch in der Arbeitsgruppe anfangen zu können, weil die Zeit knapp bemessen war. Hier wurde uns exemplarisch vor Augen geführt, wie hart Sehnsucht und Realität manchmal aufeinanderprallen können.

Der andere Impuls, der den an dem Prozess Beteiligten in einem Umschlag mit nach Hause gegeben wurde, drehte sich um das Thema des menschlichen Miteinanders in den Arbeitsgruppen. Ausgehend von der Vermutung, dass in den zu behandelnden Themen auch einiger Sprengstoff lag, wollten wir den Blick auf unseren Umgang miteinander lenken. Es ging darum, im anderen trotz mancher kontroversen Diskussion den Bruder oder die Schwester zu erkennen, dem bzw. der die Zukunft der Gemeinden genauso am Herzen liegt wie mir selbst. Diesem geistlichen Einüben einer Verbundenheit untereinander sozusagen auf der Herzensebene sollte der Impuls dienen.

Im Rückblick zeigte sich, dass es illusorisch ist, für eine derart große Gruppe von Engagierten, die sich in vielen Arbeitsgruppen zusammenfanden, etwas für alle Passendes zu entwickeln. Es gab immer wieder auch kritische Rückmeldungen. Aber dennoch waren wir uns zunehmend sicher, dass das Bemühen, dem Geistlichen auch in einem strukturellen Prozess seinen Raum zu geben, existentiell wichtig war und ist.

Eigentlich hätten wir gern eine Art Baukasten mit verschiedenen Modulen entwickelt, aus dem die Moderatorinnen und Moderatoren der Projektgruppen entsprechend der Situation in der Gruppe hätten auswählen können. Aber auch das war in der Kürze der Zeit nicht möglich. Und wiederum wurde deutlich, dass es nicht an den bis ins Detail ausgearbeiteten Entwürfen liegt. Die Moderatorinnen und Moderatoren hatten genug im eigenen Fundus und – was letztlich entscheidend ist – ein Gespür für die Stimmungen und Schwebungen in ihrer Gruppe, um Impulse zu setzen. Sicher wäre es hilfreich und auch spannend, einen solchen Baukasten zu entwickeln. Es gibt Themen, die bei aller Verschiedenheit der Problemlagen doch viele beschäftigen (Wie gehe ich mit der Situation um, dass ich hier einen Kompromiss verhandle, den ich später in meiner eigenen Gemeinde vertreten muss? Wie gehe ich mit meinen eigenen Zweifeln um? Sind wir Systemagenten, die den Status quo absichern, oder schaffen wir mit unseren Bemühungen wirklich den Rahmen für etwas Neues? Wie lässt sich gut und gelassen in Zeiten des Umbruchs leben, wenn man Altes einreißt, aber das Neue auch noch nicht sichtbar ist?). Doch mehr als Entwürfe zählen die Erfahrung mit Gruppen und das Gespür für das, was aus diesem Cocktail an inneren Fragen und Auseinandersetzungen jetzt gerade vielleicht das ist, was die Gruppe in ihrer Arbeit blockiert. Das alles ist natürlich etwas, was anderen Gruppenprozessen auch zu eigen ist, ganz gleich, ob die Gruppen fromm sind oder nicht. Aber es ist wiederum auch unsere ganz besondere und auch lohnenswerte Herausforderung, diese Fragen und Prozesse geistlich zu durchdringen. Vielleicht gibt diese Erfahrung auch einen Hinweis für die Frage, wie man generell solchen Prozessen eine geistliche Tiefung geben kann. Moderatorinnen und Moderatoren von Arbeitsgruppen brauchen die Ermutigung und die Motivation, ihrem Sensus für die geistliche Dimension eines Prozesses zu trauen, auch wenn es um so sachliche Themenfelder wie Finanzen und Verwaltung geht, und vielleicht brauchen sie auch einen strukturierten Austausch über ihre Begleitung der Gruppen.

Was sicher auch beigetragen hat, dem gesamten Prozess eine geistliche Tiefung zu geben, ist die Praxis, dass viele der Menschen, die in den Projektgruppen mitgearbeitet haben, regelmäßig in den Gottesdienst gehen. Dort wurden von den Verantwortlichen über die Monate hinweg immer wieder Gelegenheiten aufgegriffen, die Botschaft des Evangeliums oder des kirchlichen Festes mit dem Prozess geistlich zu verbinden und sie für die aktuelle Situation der Menschen konkret werden zu lassen.

Darüber hinaus gab es reguläre Gemeindegottesdienste, die besonders gestaltet wurden. Und da man dem Kind auch einen Namen geben muss, haben wir diese Gottesdienste schlicht Weggottesdienste genannt. Dabei ist der Name schon Programm: Es geht um Unterwegssein! Das schmeckt nach Aufbruch, Neugier, Entdeckerlust, aber auch nach Mühsal, Suche und Unsicherheit. Und weil eben beides, Zuversicht und Verunsicherung, in den Herzen der Menschen in den Gottesdiensten war, sollte und musste das auch im Gottesdienst seinen Raum haben. Und so kamen auch zwei zentrale Themen und biblische Motive in den Blick: „Von Trauben und Riesen" und „Dank für den Beistand des Heiligen Geistes".

Fünf Monate nach Beginn des Pfarreiwerdungsprozesses waren alle Arbeitsgruppen mitten in der Arbeit, es gab Zuversicht und Ernüchterung, gute Lösungen und Ratlosigkeit. Da musste auch in einem Weggottesdienst die Gefühlslage der vielen sehr engagierten Beteiligten aufgenommen und vor Gott gebracht werden. Die biblische Geschichte von den Trauben und Riesen (Num 13.14) schien uns dabei die ideale „biblische Folie“ zu sein, auf deren Grundlage wir deuten und vor Gott bringen konnten, was wir gerade erlebt, ja auch durchlitten haben. Die Kundschafter des Volkes Israel werden ausgesandt, das neue, noch in Besitz zu nehmende Land zu erkunden. Und die Nachrichten, die sie von ihrem Erkundungsgang mitbringen, sind durchaus ambivalent. Einerseits bringen sie unglaublich große Früchte mit, erzählen von Milch und Honig, die dort fließen. Andererseits verbreiten sie das Gerücht, dass furchtbare Riesen in dem fremden Land leben. Das Volk beginnt zu zweifeln und zu zögern, bis zwei Kundschafter, Josua und Kaleb, beherzt Stellung beziehen: „Das Land, das wir durchwandert und erkundet haben, dieses Land ist überaus schön. Wenn der Herr uns wohlgesinnt ist und uns in dieses Land bringt, dann schenkt er uns ein Land, in dem Milch und Honig fließen. Habt keine Angst vor den Leuten in jenem Land; sie werden unsere Beute. Ihr schützender Schatten ist von ihnen gewichen, denn der Herr ist mit uns. Habt keine Angst vor ihnen!“

Im Bild der Riesen und Trauben kommt beides vor: Furcht vor dem Neuen, vor den schier unlösbaren Aufgaben und zugleich eine tiefe Zuversicht, dass Gott den Weg des Volkes Israel mitgeht und mitträgt. Es ist dieser einfache Satz „Habt keine Angst!“ der Kundschafter, den Gott uns zuruft, auch in Zeiten der pastoralen Umbrüche und Veränderungen. Dies den am Prozess Mitwirkenden mitzugeben war Intention des Weggottesdienstes von den Trauben und Riesen.

Einen weiteren Gottesdienst feierten wir dann zwei Monate später. Und schon seine Überschrift verrät, was sich in diesen

Monaten bewegt hat: Dank für den Beistand des Heiligen Geistes. Nicht alles war gelöst, aber viel hatte sich bewegt. Das Gefühl, „es wird gelingen“, in manchem sogar „es ist gelungen“, breitete sich aus. Und dann seinen Dank auch zu „adressieren“, ihn an den zu richten, um dessen Beistand wir in unserem Gebet zum Prozess der Pfarreiwerdung immer wieder gebetet haben, den Heiligen Geist, war uns ein inneres Bedürfnis. Da war für vieles Gelungene zu danken und auch für manches Unfertige zu bitten. Aber das ist uns Christen ja vertraut: schon und noch nicht; vielfach beschenkt uns schon jetzt der Heilige Geist und noch harrt die unfertige Schöpfung der Vollendung.

19. „Am Golde hängt, zum Golde drängt doch alles“ – Verwaltung und Finanzen

Von Andreas Unfried

Zu den Besonderheiten der acht Pfarrgemeinden unseres Pastoralen Raums zählt, dass die finanzielle Ausstattung der Pfarreien unterschiedlicher nicht sein könnte. Da stehen Neugründungen nach dem Zweiten Weltkrieg, die von neu angesiedelten Vertriebenen aus den ehemaligen deutschen Ostgebieten geprägt und aufgebaut wurden, neben Traditionspfarreien mit mehrhundertjähriger Geschichte und teilweise entsprechendem Vermögen, das durch die Ausweisung von ehemaligem Ackerland als Baugebiet im Rhein-Main-Gebiet zum Teil exorbitant an Wert gewonnen hat. Während in einer Gemeinde im Winter sogar regelmäßig eine zusätzliche Türkollekte gehalten werden muss, um die Heizkosten aufbringen zu können, kann es sich eine andere Gemeinde leisten, im Gemeindezentrum einen behindertengerechten Fahrstuhl auf eigene Kosten einzubauen.

Auch bei ansonsten dem Prozess der Pfarreiwerdung aufgeschlossenen Personen war darum am Anfang eine große Skepsis vorhanden, ob die unterschiedlichen Interessen ausgeglichen werden könnten. Denn natürlich erhofften sich die „Armen“, durch den Zusammenschluss von den „Reichen“ zu profitieren, während die „Reichen“ Enteignung befürchteten und dass das von ihren Vorvätern erworbene Vermögen nun andernorts konsumiert werden könnte.

Allerdings ist an dieser Stelle bereits ausdrücklich hervorzuheben, dass insbesondere die mit Abstand vermögendste Kirchengemeinde sich in der Vergangenheit mehrfach zum Wohle der Allgemeinheit engagiert hat, etwa durch Aufbau eines Eine-Welt-Fonds und die Finanzierung einer Krankenwohnung für den Bezirkscaritasverband. Außerdem finanzieren die vermögenden Gemeinden aus ihren Eigenmitteln Beschäftigungsanteile für gemeindliches Personal, das nicht nur der eigenen Kirchengemeinde zugutekommt. Von Anfang an war es darum eine Debatte mit Zwischentönen, die den Beteiligten bald klarmachte, dass die Lösung nur in einem Kompromiss bestehen könnte.

Die Bildung der entsprechenden Projektgruppe erwies sich nicht als problematisch. Alle Verwaltungsräte entsandten entsprechend qualifizierte Personen in die Gruppe, die auch sofort ihre Arbeit aufnahm – und am ersten Abend beinahe schon gescheitert wäre, weil sich schnell zeigte, dass die Vorstellungen weit auseinandergingen und die Eigeninteressen der Kirchengemeinden jeweils ausgesprochen offensiv und streitig vorgebracht wurden.

In Gesprächen, zu denen auch der Sachverstand des Bischöflichen Ordinariats bis hin zum stellvertretenden Finanzdezernenten hinzugezogen wurde, kam es dann zur Ausarbeitung einer grundsätzlichen Verhandlungslinie, die sich kurz so beschreiben lässt: Die neue Pfarrei hat tatsächlich einen gemeinsamen Haushalt. Vorstellungen von „Gütertrennung" im Sinne einer nur synodalrechtlichen Fusion, die aber weiterhin Kirchengemeinden als Körperschaften öffentlichen Rechts bestehen ließe, wurden damit verworfen. Andererseits wird das Vermögen der neuen Pfarrei innerhalb des gemeinsamen Haushalts kostenstellenbezogen ausgewiesen. Das heißt, das Vermögen bleibt in der Buchhaltung den einzelnen Kirchorten zugeordnet.

Ganz unabhängig von der Frage der Finanzverwaltung war die Frage zu klären, wie die vielen zu erledigenden Aufgaben in den einzelnen Gemeinden (Gebäudeverwaltung, Personalverantwortung für Sekretärinnen, Küster und Hausmeister, Wartungsverträge, Baumaßnahmen) künftig von nur einem Verwaltungsrat mit dann neun Personen erfüllt werden sollten. Das Kirchenvermögensverwaltungsgesetz kennt für die Übertragung von Verantwortung an Personen außerhalb des Verwaltungsrates das Instrument der „Gattungsvollmacht“. Für die konkrete Arbeit in den Kirchorten werden künftig solche Gattungsvollmachten eine Hauptrolle spielen: Für einen definierten Verantwortungsbereich und im Rahmen eines definierten finanziellen Rahmens (etwa des im Haushalt angesetzten Etatpostens) überträgt der Verwaltungsrat einer Person oder gleichlautend mehreren Personen administrative Vollmacht.

Dieses Grundprinzip wurde nun im konkreten Fall auch auf die Vermögensverwaltung sowie den Fall übertragen, dass in einer (oder möglicherweise auch einer weiteren) Gemeinde in naher Zukunft ein (verkleinerter) Neubau von Kirche und Gemeindezentrum ansteht. Orts- und sachkundige Projektgruppen sollen auf Basis von Gattungsvollmachten autonome Entscheidungen treffen können.

Für die Erträge aus dem pfarrlichen Vermögen wurde vereinbart, dass diese nach einem bestimmten Schlüssel zwischen Einzelgemeinde und Gesamtpfarrei aufgeteilt werden sollten, so dass auf diesem Wege zumindest ansatzweise eine solidarische Mitfinanzierung aller Kirchorte gegeben ist.

Weniger streitig, aber finanziell und konzeptionell aufwendig war der Aufbau eines zentralen Pfarrbüros. Dazu musste neben dem Pfarrhaus St. Ursula mit erheblichem Aufwand ein Bürogebäude neu erstellt werden. Im neuen zentralen Pfarrbüro werden zumeist zwei Sekretärinnen parallel arbeiten, so dass eine Aufteilung in Publikumsverkehr und Verwaltungsarbeit möglich wird. Durch die Übertragung von Arbeitszeiten der Sekretärinnen aus den (weiter bestehenden)

Gemeindebüros in das zentrale Pfarrbüro konnte dies erreicht werden, ohne die Öffnungszeiten der Büros vor Ort wesentlich einschränken zu müssen. Diese Neukonzeption der Arbeit wurde in einem eigenen Projektteil von den beteiligten Sekretärinnen mit mir als ihrem Dienstvorgesetzten entwickelt und von der Projektgruppe Pfarrbüro entsprechend begleitet. Teil der Aufgabe waren dabei auch der Aufbau einer gemeinsamen Terminverwaltung für alle Büros, die Entwicklung eines gemeinsamen Pfarrblatts als zentralen Kommunikationsmediums sowie der Aufbau eines gemeinsamen Rechnungswesens. An einer entschlossenen Nutzung aktueller technischer Möglichkeiten im IT-Bereich führt in allen diesen Fällen kein Weg vorbei.

Ebenfalls nicht wirklich streitig, aber im Konkreten kompliziert war die Klärung des weiteren Umgangs mit den insgesamt sieben Kindertagesstätten im Pastoralen Raum. Es herrschte schnell Konsens, dass die Trägerschaft derselben nicht aufgegeben werden sollte. Andererseits war auch klar, dass unmöglich ein ehrenamtlicher Verwaltungsrat der neuen Pfarrei sieben Einrichtungen dieser Größe würde steuern können. Wiederum kam uns hier als glücklicher Umstand entgegen, dass eine Kirchengemeinde bereits zwei Jahre zuvor in einer Einzelfalllösung mit dem Bistum einen Geschäftsbesorgungsvertrag geschlossen hatte. Mitfinanziert durch die Kommune hatte das Bistum dafür einen hauptamtlichen Geschäftsführer angestellt. Aufgrund krisenhafter Erscheinungen in den jeweiligen Einrichtungen waren im Laufe des Jahres 2010 weiter drei Kirchengemeinden auf gleicher Basis dazugekommen, so dass wir für die Übernahme der Geschäftsbesorgung in den übrigen drei Einrichtungen bereits auf Erfahrungen zurückblicken konnten. Als schwierig erwies sich dabei die Definition des Zueinanders zwischen Geschäftsführer und Verwaltungsrat bzw. dessen Vorsitzendem, dem

Pfarrer. Ob die gefundenen Lösungen modellhaft für weitere Situationen sein können, wird die Zukunft erweisen müssen. Klar scheint mir allerdings, dass gegenüber einer kompletten Übertragung der Trägerschaft für die Kitas (an den Caritasverband, an eine Stiftung oder einen anderen Rechtsträger) der Erhalt der Kita als Einrichtung der Gemeinde den geringeren Einschnitt bedeutet und eher die Chance bietet, die Kita als wertvolles Element der Familienpastoral im Blick zu behalten und zu entwickeln.

20. Fazit: Warum das Neue besser ist als das Alte – und trotzdem noch lange nicht genug

Von Andreas Unfried

Was haben wir erreicht mit unserem Prozess? Zunächst einmal ist schlicht und einfach festzuhalten: Wir sind beieinandergeblieben. Die Gemeinden haben sich nicht zerstritten und zerspalten. Weder gemeindeintern noch im Verhältnis zwischen den einzelnen Gemeinden oder zwischen Gemeinden und Seelsorgern sind Konflikte aufgebrochen. Auch hat es keine Welle der Demotivation gegeben. Sicher hat sich der Grad der Motivation für den Wandlungsprozess teilweise in bescheidenen Grenzen gehalten. Mancher wird nur nolens volens mitgemacht haben. Bis auf Einzelne hat sich aber niemand abgewandt oder aus seinem Engagement zurückgezogen.

Zweites Ergebnis: Wir hatten tatsächlich keine Mühe, genügend Kandidatinnen und Kandidaten für die Wahl der synodalen Gremien zu finden. Durch die Vereinfachung der synodalen Strukturen brauchten wir natürlich aus den einzelnen Gemeinden sehr viel weniger Kandidaten. Den Ortsausschüssen ist demgegenüber eine große Freiheit eingeräumt, was Mitgliederzahl und Sitzungshäufigkeit anbetrifft. Viele haben ihre Bereitschaft erklärt, dort weiter mitzuarbeiten. Hier schafft die neue Struktur die Möglichkeit, je nach den Gegebenheiten vor Ort angemessene Lösungen zu schaffen. In der Tat wird hierdurch Bürokratie abgebaut und verhindert, dass das ehrenamtlich vorhandene Potential hauptsächlich durch Gremienarbeit ausgeschöpft wird.

Eine ähnliche Entlastung tritt auch bei den hauptamtlichen Seelsorgerinnen und Seelsorgern ein. Auch hier wurde Sitzungszeit reduziert, ohne dass Partizipation und Kommunikation darunter leiden müssten. Die neue Struktur erlaubt auch eine stärker arbeitsteilig angelegte Zusammenarbeit. Nicht jeder muss weiterhin als „Allrounder“ alle pastoralen Felder abdecken. Schwerpunktsetzungen werden möglich und ein charismenorientierter Personaleinsatz rückt in den Bereich des Möglichen.

Im Bereich der Pfarrverwaltung konnten wir durch den Veränderungsprozess die Effizienz deutlich steigern. Die Veränderung der Perspektive hat dabei vielfach kreative neue Lösungen ermöglicht. Ein gemeinsamer internetgestützter Terminkalender, ein vereinfachtes Kassenwesen und „kundenfreundlichere“ Öffnungszeiten im Pfarrbüro waren sehr unmittelbare Begleiterscheinungen der Pfarreiwerdung. In Bezug auf die Kindertagesstätten ermöglicht die Geschäftsbesorgung durch einen hauptamtlichen Verwalter, dass die Kitas weiterhin in kirchengemeindlicher Trägerschaft bleiben können, und hat sogar zu Steigerungen in der Qualität der Verwaltung geführt. Gegenseitige Krankheitsvertretung von Erzieherinnen über die Grenze der eigenen Einrichtung hinaus ist kein Tabu mehr und wird von Familien wie Kolleginnen dankbar wahrgenommen.

Schließlich ist die Debatte um weitere Strukturveränderungen nach menschlichem Ermessen bei uns ausgestanden. Selbst wesentliche Veränderungen im Personalbestand der Seelsorger oder sogar Veränderungen bei der Anzahl der Kirchorte könnten in der nun gefundenen Struktur systemkonform abgebildet werden. Müsste ein Kirchort irgendwann tatsächlich aufgegeben werden oder käme ein neuer hinzu, würde das Gesamtgebilde davon nicht in Frage gestellt. Eine lange Phase häufig verunsichernder Diskussionen kann damit an ihr Ende kommen, und wir dürfen uns wichtigeren Fragen zuwenden.

Womit wir natürlich bei dem wären, was die neue Struktur nicht löst (und nicht lösen kann): Sie ist – dies sei in aller Deutlichkeit gesagt – keine Antwort auf das Problem des Priestermangels, wiewohl sie natürlich mit diesem Faktum umzugehen hat. Durch eine Reform der Pfarreistruktur findet keine Priesterberufung statt und wird keine Eucharistiefeier zusätzlich gehalten. Der Verweis darauf, dass in der neuen Pfarrei ja an jedem Sonntag Eucharistie gefeiert werden kann, ist keine Antwort auf das legitime Bedürfnis gerade nicht mobiler Christinnen und Christen, Eucharistie auch an ihrem Heimatort feiern zu wollen.

Die neue Struktur führt auch per se nicht zu einem neuen Aufbruch des gemeindlichen Lebens. Bestenfalls kann sie uns den Rücken freihalten dafür, dass wir uns nun verstärkt den drängenden Fragen des Gemeindeaufbaus und des missionarischen Zugehens auf Menschen widmen können.

Durch die neue Struktur sind wir den glaubensfernen Milieus unserer Gesellschaft (noch) nicht nähergekommen. Aber wir haben nun immerhin die Möglichkeit, uns den Herausforderungen einer zeitgenössischen Seelsorge zu stellen. Im Sinne des charismenorientierten Personaleinsatzes haben wir jetzt die Möglichkeit, in besonderer Weise geeignete Seelsorgerinnen und Seelsorger in verschiedenen Bereichen als Kundschafter einzusetzen.

Wir haben durch unseren Prozess auch nicht das Bild von Kirche in der Öffentlichkeit verändern können. Genauso wenig haben wir die innerkirchlichen Dialogdefizite beseitigen können. Ob unser Prozess für andere einen Nutzen haben wird (als gutes – oder eben auch schlechtes – Beispiel), wird abzuwarten bleiben.

Festzuhalten bleibt, dass uns das letzte Jahr mit all seinen durchaus da und dort überfordernden Umbrüchen nicht von Gott entfernt hat, sondern dass wir im Gegenteil die Erfahrung der Führung und Begleitung durch den Heiligen Geist Gottes machen durften. Die Schrecken des Strukturwandels haben sich bei Licht besehen als „Scheinriesen" herausgestellt (wie Michael Ende es in „Lukas der Lokomotivführer" so herrlich bildhaft beschreibt). Die „Pfarrei neuen Typs" ist kein Monster. Mag sein, dass sie auch nicht einfachhin mit dem Neuen Jerusalem identifiziert werden kann. Aber ein probates Mittel in der gegenwärtigen Krise der Pfarrgemeinden ist sie allemal.

Teil III:

Materialsammlung

I. „Geh deinen Weg …" – Eine biblische Vergewisserung

Die anstehenden Veränderungsprozesse brauchen geistliche Vergewisserungen, um sie als Anruf Gottes an seine Kirche in dieser Zeit und Situation verstehen zu können. Es gilt, in allem Alltagsgeschäft die Spur Gottes und seines Geistes nicht aus den Augen zu verlieren.

Die nachfolgende Vergewisserung versucht in der Elijageschichte biblische Anregungen zu finden, die dabei helfen können, die aktuelle Situation mit ihren Herausforderungen besser im Lichte Gottes zu verstehen.

Der Prophet Elija aus Tischbe in Gilead sprach zu Ahab: So wahr der Herr, der Gott Israels, lebt, in dessen Dienst ich stehe: in diesen Jahren sollen weder Tau noch Regen fallen, es sei denn auf mein Wort hin. Danach erging das Wort des Herrn an Elija: Geh weg von hier, wende dich nach Osten und verbirg dich am Bach Kerit östlich des Jordan! Aus dem Bach sollst du trinken und den Raben habe ich befohlen, dass sie dich dort ernähren. Elija ging weg und tat, was der Herr befohlen hatte; er begab sich zum Bach Kerit östlich des Jordan und ließ sich dort nieder. Die Raben brachten ihm Brot und Fleisch am Morgen und ebenso Brot und Fleisch am Abend und er trank aus dem Bach. Nach einiger Zeit aber vertrocknete der Bach; denn es fiel kein Regen im Land (1 Kön 17,1–7).

Der Beginn der Elijageschichte. Wüste Zeiten. Trockene Zeiten. Der Glaube an Gott trocknet aus im Land. Er verdunstet einfach. Er wird dürr. Da scheinen sich die Tage des Elija kaum von den unseren zu unterscheiden.

Die äußere Dürre, von der hier die Rede ist, spiegelt dabei nur den inneren Zustand wider. Elija erlebt am Bach Kerit, wie langsam alles versiegt. Und dann geschieht unvermittelt ein Wunder: Raben bringen Fleisch und Brot. Gott sorgt für Elija. In diesem Anfang steckt auch schon die ganze Geschichte. Denn genau das wird Elija begreifen müssen: Gott sorgt für ihn.

Vielleicht ist das die Herausforderung: In der Wüste, in den dürren Zeiten, sorgt Gott für uns. Wir dürfen uns Gott ganz anvertrauen.

Und Elija trat vor das ganze Volk und rief: Wie lange noch schwankt ihr nach zwei Seiten? Wenn Jahwe der wahre Gott ist, dann folgt ihm! Wenn aber Baal es ist, dann folgt diesem! Doch das Volk gab ihm keine Antwort. Da sagte Elija zum Volk: Ich allein bin als Prophet des Herrn übrig geblieben; die Propheten des Baal aber sind vierhundertfünfzig. Man gebe uns zwei Stiere. Sie sollen sich einen auswählen, ihn zerteilen und auf das Holz legen, aber kein Feuer anzünden. Ich werde den andern zubereiten, auf das Holz legen und kein Feuer anzünden. Dann sollt ihr den Namen eures Gottes anrufen und ich werde den Namen des Herrn anrufen. Der Gott, der mit Feuer antwortet, ist der wahre Gott. Da rief das ganze Volk: Der Vorschlag ist gut.

… Da kam das Feuer des Herrn herab und verzehrte das Brandopfer, das Holz, die Steine und die Erde. … Das ganze Volk sah es, warf sich auf das Angesicht nieder und rief: Jahwe ist Gott, Jahwe ist Gott! Elija aber befahl ihnen: Ergreift die Propheten des Baal! Keiner von ihnen soll entkommen. Man ergriff sie und Elija ließ sie zum Bach Kischon hinabführen und dort töten. Dann sagte Elija zu Ahab: Geh hinauf, iss und trink; denn ich höre das Rauschen des Regens (1 Kön 18,22–24.38–41).

Die Entscheidung am Karmel. Elijas stärkster Auftritt, wenn man so sagen kann. So einen Auftritt wünscht sich jeder eifrige Gottesstreiter: Elija eilt von Erfolg zu Erfolg. Schon die Auferweckung des toten Sohnes der Witwe (vgl. 1 Kön 17,17 ff.) zuvor war beeindruckend. Hier am Karmel erfüllt, ja übertrifft Gott alle Erwartungen. Die Gegner werden vor den Augen aller geschlagen. Etwas zu blutig für unseren aufgeklärten Geschmack, aber triumphal. Sieg auf ganzer Linie! Was will man mehr?

Auch wenn der Vergleich kühn und vielleicht überzogen scheint – Elija am Karmel, das kann ich auch in der Kirche entdecken: Sie kommt triumphierend daher. „Früher waren die Kirchen noch voll. Da gab es noch unzählige Gruppen und Kreise und Engagierte. Da ging es auch von Erfolg zu Erfolg. Wie viele Pfarrer gab es da, wie viele Pfarreien wurden da gegründet und wie viele neue Kirchen eingeweiht?“, heißt es oft. Irgendwie tragen wir dieses Bild der guten alten Zeit doch auch in unseren Herzen.

Dieser vermeintliche Erfolg ist aber nun keinesfalls das Ende der Geschichte.

Elija geriet in Angst, machte sich auf und ging weg, um sein Leben zu retten. Er kam nach Beerscheba in Juda und ließ dort seinen Diener zurück. Er selbst ging eine Tagereise weit in die Wüste hinein. Dort setzte er sich unter einen Ginsterstrauch und wünschte sich den Tod. Er sagte: Nun ist es genug, Herr. Nimm mein Leben; denn ich bin nicht besser als meine Väter. Dann legte er sich unter den Ginsterstrauch und schlief ein (1 Kön 19,3–5).

Nach dem Karmel kommt die Depression. Elija ist enttäuscht, entmutigt. Israel und sein König haben sich von Gott abgewandt und hängen fremden, wirkungslosen Göttern an. Er hat sich mit ganzer Kraft eingesetzt für Gott. Selbst vor Gewalt ist er nicht zurückgeschreckt. Und es sah auch so aus, als würde er mit Gottes Hilfe siegen. Aber er muss enttäuscht feststellen:

All sein Reden und Handeln sind umsonst. Seine Worte verhallen ungehört. Elija wird verfolgt und aus dem Land gejagt. Es reicht. Elija will nur noch weg, allein sein und sterben. Er gibt auf.

Ist das so verschieden von unseren Tagen? Die besten Zeiten sind vorbei. Viele haben einfach keine Lust mehr und ziehen sich zurück – ob innerlich oder äußerlich. Irgendwie sitzen wir alle ein bisschen bei Elija unter dem Ginsterstrauch und blasen Trübsal. „Gott, ich habe keine Lust mehr! Ich habe mich so engagiert – und jetzt? Was soll ich da noch? Ich geh da nicht mehr hin! Irgendwie ist doch alles zum Heulen."

Wir müssen auch schmerzhaft feststellen: Die vermeintlich großen Zeiten hatten auch Schattenseiten. Es wurden Grenzen überschritten, die nie hätten angetastet werden dürfen. Selbst Gewalt hat es mitten in der Kirche gegeben. Es wurde so vieles einfach zugedeckt. Es wurden Fehler gemacht. Der eine oder andere erwischt sich bei dem Gedanken, alles hinter sich zu lassen. Einfach weg!

Ein Engel rührte Elija an und sprach: Steh auf und iss! Als er um sich blickte, sah er neben seinem Kopf Brot, das in glühender Asche gebacken war, und einen Krug mit Wasser. Er aß und trank und legte sich wieder hin. Doch der Engel des Herrn kam zum zweiten Mal, rührte ihn an und sprach: Steh auf und iss! Sonst ist der Weg zu weit für dich. Da stand er auf, aß und trank und wanderte, durch diese Speise gestärkt, vierzig Tage und vierzig Nächte bis zum Gottesberg Horeb (1 Kön 19,5b–8).

Wo Elija am Ende ist, da ist es Gott noch lange nicht. Gott schickt Elija in die Wüste! Aber er lässt ihn nicht allein. Ein Engel rührt ihn an und er hat, was er braucht: Proviant.

Eine lange Wanderung – vierzig Tage und Nächte. Eigentlich für Menschen nicht zu schaffen. Und doch: Elija schafft es. Mit

Gott geht er in die absolute Leere. Gott bringt ihn bis zum Äußersten – bis zum Horeb.

Der Herr sagte zu Elija: Komm heraus und stell dich auf den Berg vor den Herrn! Da zog der Herr vorüber: Ein starker, heftiger Sturm, der die Berge zerriss und die Felsen zerbrach, ging dem Herrn voraus. Doch der Herr war nicht im Sturm. Nach dem Sturm kam ein Erdbeben. Doch der Herr war nicht im Erdbeben. Nach dem Beben kam ein Feuer. Doch der Herr war nicht im Feuer. Nach dem Feuer kam ein sanftes, leises Säuseln. Als Elija es hörte, hüllte er sein Gesicht in den Mantel, trat hinaus und stellte sich an den Eingang der Höhle (1 Kön 19,11–13).

Und hier am Horeb wird es spektakulär. Elija soll endlich begreifen. Dafür lässt Gott sogar die Naturgewalten auftreten. So hatte Elija Gott kennengelernt: stark wie den Sturm, verzehrend wie Feuer, erschütternd wie das Erdbeben. Nur, die Pointe ist: Gott ist weder im Sturm noch im Feuer noch im Erdbeben. Gott enttäuscht die Erwartungen des Elija. Er ist eben ganz anders. Im leisen, sanften Säuseln oder wie Buber/Rosenzweig übersetzen: im „verschwebenden Schweigen", da ist Gott. Elija soll begreifen: Dieser Gott ist auch ein Gott der leisen Töne. Die Zeiten des Karmel sind vorbei – die leisen Töne sind angesagt.

Vielleicht ist das der leise Wink Gottes an seine Kirche: Die Zeit der großen Triumphe ist endgültig vorbei. Das ist gewesen. Donnernd und polternd daherzukommen, das ist nicht mehr angesagt. Es ist Zeit, einfach mal zu schweigen und aufmerksam hinzuhören. Vielleicht zeigt sich uns Gott genau hier: im Schweigen, im sanften Säuseln – nicht in den großen hohlen Worten und im Geschwätz.

Da vernahm er eine Stimme, die ihm zurief: Was willst du hier, Elija? Er antwortete: Mit Leidenschaft bin ich für den Herrn, den

Gott der Heere, eingetreten, weil die Israeliten deinen Bund verlassen, deine Altäre zerstört und deine Propheten mit dem Schwert getötet haben. Ich allein bin übrig geblieben und nun trachten sie auch mir nach dem Leben.

Der Herr antwortete ihm: Geh deinen Weg durch die Wüste zurück und begib dich nach Damaskus! (1 Kön 19,14 f.).

Das Leben geht für Elija nach dem Horeb weiter. Er bejammert noch einmal seine Situation, und Gott hört sich das alles geduldig an.

Abschied zu nehmen und zu trauern, braucht Zeit – weil es schmerzhaft ist. Da geht nicht alles schnell, schnell. Doch dann reißt Gott Elija heraus aus seinem Selbstmitleid. Er soll nach Damaskus gehen. Gott erinnert ihn, wozu er als Prophet überhaupt da ist: den Menschen Gott nahezubringen. Damaskus ist eine riesige Weltstadt in der damaligen Zeit. Das ist nicht mehr Israel, sein Volk, seine gewohnte Umgebung, in der er vorher war. Das ist die Fremde. Mitten in das Getümmel und in die Vielstimmigkeit der Großstadt soll Elija mit seinem leisen Gott gehen.

Wir werden in der Zukunft auch ein bisschen wie in Damaskus sein: in der Vielfalt der Gesellschaft Gott ins Gespräch bringen. Und es mögen vielleicht die stillen Begegnungen am Rande sein, die hier etwas von Gott erahnen lassen.

Die Situation, in der wir uns wiederfinden, ist ein bisschen wie in der Elijageschichte: Der ständige Blick auf uns selbst muss ein Ende haben. Es interessiert keinen Menschen, mit welchen Struktur- und Machtdebatten wir uns in der Kirche herumschlagen. Die Relevanz der Kirche von morgen wird sich daran messen, inwieweit sie den Menschen dient. Es wird darum gehen, dass wir uns – vielleicht noch viel radikaler als bisher – denen zuwenden, für die wir als Kirche, als Gottes Volk, da sind: den Menschen und ihren Nöten und Sorgen, ihren Hoffnungen und Freuden! Die Kraft, aufzustehen, loszugehen und durchzuhalten, die wird uns Gott schenken. Darauf können wir als Glaubende setzen.

Es muss der Anfang eines anderen, eines neuen Auftritts sein.

Wie die Elijageschichte weitergeht, wissen wir gar nicht so genau. Das Einzige, was dann berichtet wird, ist, dass Elija am Ende seines Lebens auf einem Wagen in den Himmel auffährt. Der Weg nach Damaskus bringt nicht den Untergang. Im Gegenteil, er führt Elija nach oben, zu Gott.

Mathias Wolf

II. FAQ: Was ist eine „Pfarrei neuen Typs“?

Am Anfang des Prozesses stand das Interesse an einer möglichst breiten Information der kirchlichen und nichtkirchlichen Öffentlichkeit. Als Grundlage dafür erstellten wir ein Informationsblatt, das in allen Kirchen in großer Stückzahl auslag und auch als Grundlage für Pressegespräche und Informationsgespräche mit Lokalpolitikern diente.

Was ist eine „Pfarrei neuen Typs“?
… und andere Fragen, die Sie sich vielleicht stellen

Warum kann mit unseren Gemeinden eigentlich nicht alles einfach so bleiben, wie es ist?
Spätestens seit den 80er Jahren des letzten Jahrhunderts erleben wir, dass ein sich ständig verschärfender Priestermangel, aber auch das stetige Schrumpfen der Kirchengemeinden eine Anpassung unserer kirchlichen Organisationsstrukturen verlangt. Versuche, durch stärkere Kooperation im Pastoralen Raum und kirchliche „Notfallregelungen“ (can. 517 § 2) Entlastung zu schaffen, waren letztlich nicht zielführend. Der Wandel zu einer „Pfarrei neuen Typs“ soll eine dauerhaft tragfähige Lösung schaffen, in der die Prinzipien der Synodalordnung weiter Gültigkeit haben.

Warum nicht stattdessen erweiterte Zugangswege zum Priesteramt?
Die „Pfarrei neuen Typs“ löst gewiss nicht das Problem des Priestermangels. Sie trägt lediglich der Tatsache Rechnung, dass wir längst nicht genug Priester zur Verfügung haben.

Aber auch wenn morgen das Zölibat aufgehoben würde, müssten wir mit einem eklatanten Mangel an hauptamtlichen Seelsorgern zumindest auf etliche Jahre hin leben. Außerdem sei daran erinnert, dass die Frage der Zugangswege zum Priesteramt nur gesamtkirchlich gelöst werden kann. Zurzeit ist in dieser Hinsicht aber keine Entwicklung erkennbar.

Was heißt denn jetzt „Pfarrei neuen Typs" genau?
Die neue Pfarrei wird ein Netzwerk aus vielen lebendigen Orten kirchlichen Lebens sein. Sie hat nicht einen Mittelpunkt, sondern viele. Neben der Identität der neuen Pfarrei werden sich die Katholiken weiter ihren Kirchorten verbunden fühlen. Und das ist auch gut so. Deshalb wird man ihr nicht gerecht, wenn man sie am vertrauten Bild der Pfarrgemeinde misst. Vielleicht könnte man es so sagen: Die Pfarrei der Zukunft will das Ganze der Kirche, also Zeugnis, Nächstenliebe, Gottesdienst und Gebet und die Erfahrung von Gemeinschaft, auf lokaler Ebene abbilden.

Wird es in Zukunft also noch weniger Messen geben?
Die Gottesdienstordnung, wie sie derzeit Gültigkeit hat, entspricht heute bereits der Zahl der verfügbaren Priester. Durch den Prozess der Pfarreiwerdung entsteht hier keine Notwendigkeit, etwas zu reduzieren. Allerdings kann heute niemand zuverlässig voraussagen, wie lange die Zahl der uns zur Verfügung stehenden Priester stabil bleiben wird. Wortgottesfeiern werden im Gesamt der Liturgie weiter eine Rolle spielen.

Gibt es zukünftig dann nur noch den einen Pfarrgemeinderat für die ganze Pfarrei?
In der neuen Pfarrei wird es einen von allen Katholikinnen und Katholiken gewählten, gemeinsamen Pfarrgemeinderat geben – dazu aber viele lokale Ortsausschüsse. Diese werden

als Ausschüsse des Pfarrgemeinderats einerseits eingeschränkte Vollmachten, andererseits auf lokaler Ebene aber sogar mehr Kompetenzen als bisher haben, weil sie auch mit Vollmacht für die Verwaltung ausgestattet sein werden.

Verliert die Gemeinde vor Ort ihre Selbständigkeit?

Die „Pfarrei neuen Typs" kann das Gemeindeleben am Kirchort nicht ersetzen. Sie bildet vielmehr einen organisatorischen Rahmen, der das christliche Leben vor Ort abstützt. Die Identität der Kirchorte bleibt erhalten, auch die alten Pfarreinamen werden in Gebrauch bleiben. Es geht nicht darum, lebendige Vielfalt einzuebnen, sondern sie in ein konstruktives Zusammenspiel einzubringen – etwa durch ein gemeinsames, für alle verbindliches Pastoralkonzept.

Wie wird sichergestellt, dass im Pfarrgemeinderat der neuen Pfarrei sich alle vertreten fühlen?

Für den Zusammenschluss zu einer neuen Pfarrei erarbeiten die Gremien einen Gründungsvertrag. In diesem kann auch geregelt werden, ob für jede derzeitige Gemeinde eine bestimmte Anzahl von Sitzen im neuen Pfarrgemeinderat reserviert wird. Es bleibt den Beratungen der Gremien vorbehalten, hierfür eine kluge Lösung zu finden.

Wer soll in einer solchen Großpfarrei überhaupt noch den Überblick behalten?

Die „Pfarrei neuen Typs" wird den Grundsatz der Subsidiarität ernst nehmen: Was die untere Einheit leisten kann, braucht die obere Einheit nicht zu beschäftigen. Gleichzeitig gilt auch: Was alle angeht oder betrifft, muss auch von allen (oder den von allen gewählten Vertretern) entschieden werden. Schon heute ist es so, dass viele pastorale Fragen auf Ebene des Pastoralen Raums entschieden werden müssen.

Die neue Pfarrei soll ein Zentralbüro bekommen. Erreiche ich künftig statt der Sekretärin nur noch ein „Call-Center"?
Es ist richtig, dass bestimmte Verwaltungsaufgaben besser zentral erledigt werden können. So wird die Kirchenbuchführung (Taufe, Hochzeit, Beerdigung) künftig an einer Stelle konzentriert. Derzeit erarbeiten wir gemeinsam mit den Sekretärinnen ein Konzept dazu. Es ist daran gedacht, dass im Pfarrbüro St. Ursula neben einer Sekretärin, die Publikumsverkehr hat, eine zweite Sekretärin in einem anderen Raum solche Aufgaben erledigt, für die man Ruhe braucht (Buchhaltung, Zuwendungsbescheinigungen, Taufscheine ausstellen etc.). Daneben sollen aber die lokalen Gemeindebüros als Anlaufstellen erhalten bleiben. Auch die Pastoralen Mitarbeiter bleiben mit ihren Büros dezentral eingesetzt. Möglicherweise wird es zu Änderungen bei den Öffnungszeiten kommen. Andererseits wird die Erreichbarkeit per Telefon oder E-Mail ausgebaut werden können.

Wenn die bisherigen Pfarreien aufgelöst würden, werden dann alle Angestellten (Erzieherinnen, Sekretärin, Küster ...) arbeitslos?
Nein. Die neue Pfarrei tritt in die Rechtsnachfolge der alten Pfarreien. Alle Verträge behalten Gültigkeit.

Und was geschieht mit dem Pfarreivermögen?
Alle Zweckbindungen bleiben natürlich erhalten. Was z. B. für Caritas in A gespendet wurde, darf auch künftig nur für Caritas in A verwendet werden. Für alles Übrige werden wir in Abstimmung mit dem Bischöflichen Ordinariat faire, gerechte und solidarische Lösungen suchen.

Bleibt uns wenigstens unsere Bezugsperson vor Ort erhalten?

Jeder Ortsausschuss wird einen hauptamtlichen Seelsorger (Pfarrer, Diakon oder Pastorale(n) Mitarbeiter(in) als Ansprechpartner haben. In diesem Sinn bleiben die „Bezugspersonen“ erhalten. Die Hauptamtlichen als „Mädchen für alles“ zu verstehen würde uns aber in trügerischer Sicherheit wiegen. Stattdessen gilt es, im nächsten Jahrzehnt unsere Pfarrei so umzubauen, dass sie auch mit weniger Hauptamtlichkeit ihre Aufgaben erfüllen kann. Denn auch die Nachwuchszahlen bei den Laientheologen sind schwach …

Kann denn der Pfarrer in einer so großen Pfarrei überhaupt noch Seelsorger sein? Wie soll er denn seine Gemeindemitglieder überhaupt kennenlernen?

Gegenfrage: Wie soll er es in den gegenwärtigen Strukturen? Wenn der Pfarrer zu acht Pfarrgemeinderäten und acht Verwaltungsräten zuzüglich Pastoralausschuss und den entsprechenden Vorstandssitzungen gehen soll, bliebe schlicht keine Zeit mehr für anderes. Die „Pfarrei neuen Typs“ reduziert die Sitzungen für Haupt- und Ehrenamtliche – ohne allerdings die demokratische Mitbestimmung zu beschädigen. Natürlich bleibt es eine große Zukunftsaufgabe, wie seelsorgliche Nähe bei weniger Priestern und Pastoral- bzw. Gemeindereferentinnen und -referenten erfahren werden kann. Der wollen wir uns auch stellen.

Und wenn wir das nicht alles schaffen bis November nächsten Jahres?

Gründlichkeit geht vor Schnelligkeit. Und geduldiges Werben um Zustimmung ist wichtiger als kurzfristiger Abstimmungserfolg. Es wäre ein Jammer, wenn durch ungenügende Kommunikation Gemeindemitglieder verprellt oder demotiviert würden. Wenn sich abzeichnen würde, dass der Prozess ein paar Monate mehr braucht, um zum Ziel zu führen, wäre es sicher möglich, beim Bischof eine Verschiebung der Pfarrgemeinderats-Wahl zu erreichen.

Wir in Oberursel und Steinbach scheinen gegenwärtig beinahe die Ersten zu sein, die sich der „Pfarrei neuen Typs" zuwenden. Wäre es nicht klüger abzuwarten, bis mehr Erfahrungen vorliegen?

Viele Gemeinden argumentieren gegenwärtig so. Wird es aber gelingen, Kandidatinnen und Kandidaten für die Pfarrgemeinderats-Wahl im nächsten Jahr zu finden, ohne ihnen auch sagen zu können, was auf sie zukommt? Auch bietet die gegenwärtige Situation die Chance, dass wir auf unsere Lage zugeschnittene Lösungen mit dem Bistum erreichen, gerade weil noch nicht zu viel durch Präzedenzfälle anderswo festliegt. Schließlich würde ein Zögern bedeuten, dass wir für viele Fragen der Pfarrei-Leitung Lösungen erarbeiten müssten, von denen wir andererseits wissen, dass sie nur wenige Jahre Bestand haben werden. Am Ende würde dies viel Engagement binden und uns letztlich nicht weiterbringen.

Wird sich der Bischof überhaupt an all das halten, was wir hier miteinander vereinbaren?

Die Bildung oder Auflösung von Pfarreien ist das alleinige Recht des Bischofs, sofern er sich an einige rechtliche Vorgaben hält. Natürlich werden wir alle unsere Beratungen in enger Abstimmung mit dem Bistum durchführen, damit wir nicht am Ende eine böse Überraschung erleben. Alle unsere Überlegungen bisher stehen aber in voller Übereinstimmung sowohl mit den Vorgaben des Bischofs als auch mit der geltenden Synodalordnung und auch dem Kirchenvermögensverwaltungsgesetz.

Was wird denn überhaupt besser werden in einer „Pfarrei neuen Typs"?

Wir werden die Zahl der Gremiensitzungen reduzieren können, ohne dass die Mitbestimmung darunter leiden wird. Wir werden Arbeitskraft bei den Hauptamtlichen und Ehrenamtlichen freisetzen, die wir für die Entwicklung neuer Angebote einsetzen können. Wir werden auf lange Zeit das Thema der Strukturdebatten hinter uns lassen, weil eine Veränderung etwa bei der Zahl der Ortsausschüsse das Gesamt nicht wirklich in Frage stellen würde. Die neue Pfarrei kann sich so immer wieder leicht auf veränderte Rahmenbedingungen einstellen. Wir werden die Erreichbarkeit im Pfarrbüro ausbauen können und den Service für die Ehrenamtlichen verbessern können.

Pfarrer Andreas Unfried
Pastoraler Raum
Oberursel und Steinbach
Für Rückfragen:
unfried@kath-oberursel.de

III. Konsenspapier des Pastoralteams: Künftige Aufgaben der hauptamtlichen Seelsorgerinnen und Seelsorger

Im Pastoralteam der hauptamtlichen Seelsorger musste eine Verständigung darüber erfolgen, worin die künftigen Aufgaben der lokalen Bezugspersonen bestehen sollten. Das diözesane Seelsorgestatut bleibt an dieser Stelle sehr allgemein und spricht nur davon, dass Bezugspersonen „am Ort ihrer Zuständigkeit eine Dienstwohnung bewohnen und in besonderer Weise für seelsorgliche Belange ansprechbar sind". Das folgende Konsenspapier, das in insgesamt vier Lesungen in unserem Pastoralteam erarbeitet wurde, versucht dies nachprüfbar konkret zu machen. Wir haben dafür den Weg gewählt, eine Zielperspektive für die Pastoral zu umschreiben und von da her die pastoralen Grundaufgaben zu fassen.

Aufgaben der hauptamtlichen Seelsorgerinnen und Seelsorger – Konsenspapier des Pastoralteams

verabschiedet im Pastoralteam 12.1.2011

Zielbeschreibung einer sich erneuernden Kirche vor Ort

Die „*Pfarrei neuen Typs*" besteht aus teils territorial, teils kategorial umschriebenen Zentren kirchlichen Lebens. Dies können einerseits ehemalige Pfarrgemeinden mit ihrer räumlichen und geistlichen Identität sein. Andererseits kommen dafür bestimmte geprägte Orte in Frage, an denen sich ein spezifisches geistliches Profil ausbildet (Alfred-Delp-Haus, Hospiz ...).

Alle diese Kirchorte sollen nach Möglichkeit im Pfarrgemeinderat repräsentiert sein.

Die „Pfarrei neuen Typs“ verwirklicht das Ganze der Kirche (Martyria, Leiturgia, Diakonia, Koinonia) auf lokaler Ebene. Sie lässt sich messen am Anspruch, sowohl der *Sammlung* wie der *Sendung* als Wesenszeichen von Kirche gerecht zu werden.

Das Rückgrat eines Kirchortes bilden Gruppen, die Glauben und Leben miteinander zu verbinden suchen (z. B. „Kleine Christliche Gemeinschaften“). Sie finden sich entweder in einem nachbarschaftlichen Umfeld zusammen (z. B. Camp King) oder bilden sich von einer besonderen inhaltlichen Ausrichtung her (z. B. Sant'Egidio-Gruppe am Hospiz). Daneben behalten Verbände (Kolping) und andere Gruppierungen (Chöre etc.) ihre Bedeutung. Sie alle werden durch Vertreter im Ortsausschuss repräsentiert und verantworten dort gemeinsam die Pastoral vor Ort im durch das Pastoralkonzept der Pfarrei gesteckten Rahmen.

Voraussetzung dafür ist, dass die *pastoralen Handlungsfelder* so gestaltet werden, dass sie den zeitlichen und inhaltlichen Möglichkeiten und Begabungen von Ehrenamtlichen angepasst sind. In Teilgebieten kann es dabei zu längeren Übergangsphasen kommen, damit das angestrebte seelsorgliche Niveau nicht aufs Spiel gesetzt wird.

Als weitere gemeinsame Aufgabe der Pastoral wird von Hauptamtlichen wie Ehrenamtlichen eine *Pastoral der Sendung* (Vatikanum II, Ad Gentes 2: Die pilgernde Kirche ist ihrem Wesen nach missionarisch) entwickelt, die zielgruppenorientiert und gesellschaftsbezogen Formen einer zeitgenössischen Seelsorge weiter aufbaut und erprobt.

Damit haupt- und ehrenamtlichen Christen ein solches Engagement überhaupt möglich wird, ist es erforderlich, an anderer Stelle pastorale Arbeit entweder auf andere Schultern zu übertragen oder im Arbeitsumfang zu *reduzieren* oder auch ganz aufzugeben. Die dabei zu erwartenden Konflikte werden umso leichter zu bestehen sein, je klarer die neue Ausrichtung gelingt und je erkennbarer sie Früchte trägt.

Konsequenzen für die Aufgaben der Seelsorgerinnen und Seelsorger

Die *Rolle der hauptamtlichen Seelsorgerinnen und Seelsorger* besteht primär darin, die Christgläubigen zu befähigen und zu begleiten, dass sie ihr Gemeindeleben vor Ort verantwortlich wahrnehmen können. Daneben leisten die Hauptamtlichen Unterstützungsdienste in den Feldern, die nicht oder noch nicht durch Gemeindemitglieder abgedeckt werden können (oder dürfen). Eine weitere Bedeutung kommt ihnen durch ihre theologische und spirituelle Kompetenz zu, wodurch sie als seelsorgliche Gesprächspartner und gegebenenfalls als Vermittler in Konflikten zur Verfügung stehen. Davon unberührt bleibt die grundsätzliche theologische Qualität des Dienstamts in der Kirche, die Unverfügbarkeit der Gnade zu repräsentieren. Priester und Diakone haben diesen Auftrag durch ihre Weihe empfangen. Hauptamtliche pastorale Mitarbeiterinnen und Mitarbeiter haben Teil an diesem Auftrag durch ihre bischöfliche Sendung.

Dem *Pfarrer* kommt in dieser Pfarrei der Dienst an den Sakramenten und die Gesamtleitung zu – nicht als exklusive, aber als prioritäre Aufgabe, die er kommunikativ und kooperativ (mit Pastoralteam und Pfarrgemeinderat) wahrnimmt. Der *Mitarbeitende Priester* ist Stellvertreter des Pfarrers in dessen Abwesenheit. Er arbeitet mit im Pastoralteam, unbeschadet seiner durch die Weihe verliehenen Vollmachten und Pflichten. Die *Diakone* haben die „Aufgabe, dem Volke Gottes in der Diakonie der Liturgie, des Wortes und der Liebe zu dienen" (CIC c. 1009 § 3). Der Einsatz der *Pastoral- und Gemeinderefe-*

rentinnen und -referenten ist primär ausgerichtet auf bestimmte Sachgebiete bzw. Lebensbereiche. Ihre besondere Aufgabe ist es, die Glieder der Gemeinde zu einem christlichen Zeugnis in Familie, Kirche und Welt anzuregen und zu befähigen. Zugleich ist ihnen die allgemeine Unterstützung des kirchlichen Amtes aufgetragen (Statut für Hauptamtlich Pastorale Mitarbeiter im Bistum Limburg I,2).

Bezugspersonen sind vom Bischof besonders beauftragte Erstansprechpartner vor Ort, die nach Geist und Buchstaben des gültigen Seelsorgsstatuts „in besonderer Weise für seelsorgliche Belange ansprechbar sind". Die Rolle der Bezugspersonen und anderer Hauptamtlicher Pastoraler Mitarbeiterinnen und Mitarbeiter im Zusammenhang mit der Synodalordnung bedarf der zeitnahen Klärung. Hauptamtliche Pastorale Mitarbeiterinnen und Mitarbeiter ersetzen weder den Pfarrer noch besteht ihre Aufgabe darin, durch ihre Hauptamtlichkeit pastorale Handlungen aufrechtzuerhalten, die ehrenamtlich nicht oder nicht mehr erfüllt werden können.

Die hauptamtlichen Seelsorgerinnen und Seelsorger arbeiten im *Pastoralteam* kooperativ zusammen. Sie achten darauf, ihre Arbeitsfelder transparent zu umschreiben, und kommunizieren ihre Zuständigkeiten aktiv untereinander und mit dem Pfarrgemeinderat. Da sie den Christen in den Gemeinden dienen wollen, bemühen sie sich um eine möglichst gute Kommunikation. Sie haben für ihre Arbeit Zugang zu ausreichenden finanziellen Mitteln und sonstigen Ressourcen (Anteil an Arbeitszeit der Sekretärin). Die formelle Aufgabenumschreibung für MitarbeiterInnen, Diakone und Priester wird nach Maßgabe der einschlägigen Bestimmungen durch den Dienstgeber erstellt.

Alle Regelungen gelten vorbehaltlich diözesaner Festlegungen und werden in angemessenen Zeiträumen überprüft.

IV. FAQ: Ergebnisse der Beratungen in den Projektgruppen

Nach Abschluss der Beratungen in den Projektgruppen und in der Steuerungsgruppe und zeitgleich mit der Übermittlung des dort erarbeiteten Beschlusstextes für eine Gründungsvereinbarung zur Bildung einer neuen Pfarrei haben wir wieder mithilfe eines Informationsblattes im März 2011 die kirchliche Öffentlichkeit über die Ergebnisse der Beratungen und den weiteren Weg des Prozesses informiert.

St. Ursula
Katholische Kirche in Oberursel und Steinbach

Was ist herausgekommen bei den Beratungen zur Entwicklung einer „Pfarrei neuen Typs"?

Wie ist das Projekt verlaufen?
Ende August hatte der Pastoralausschuss in Aufnahme der Entscheidung des Bischofs, die Pastoralen Räume zu Pfarreien zu entwickeln, den Startschuss für das Projekt gegeben. Daraufhin wurden alle Pfarrgemeinderäte und Verwaltungsräte von Pfr. Unfried persönlich über das Projekt informiert und zur Mitarbeit eingeladen. Auf einem Klausurtag am 30.10.2010 wurde das Projekt konkretisiert: Sechs Projektgruppen und eine Steuerungsgruppe erarbeiteten seither eine Gründungsvereinbarung zur Bildung einer „Pfarrei neuen Typs". Bis Mitte März hatten alle Projektgruppen ihren Auftrag erfüllt, so dass in der Pastoralausschusssitzung am 11. April 2011 die Gründungsvereinbarung offiziell formuliert und vom Pasto-

ralausschuss anschließend den Pfarrgemeinderäten und Verwaltungsräten zur Beschlussfassung vorgelegt werden kann.

Was bedeutet „Gründungsvereinbarung"?

Wir wollen, dass möglichst viele hinter den gefundenen Lösungen stehen können. Daher der Wunsch nach Zustimmung in allen Gremien. Das Recht, Pfarreien zu gründen oder aufzuheben, hat allein der Bischof. Unsere Beratungen sind daher, rein rechtlich gesehen, Empfehlungen. Darum reden wir nicht von einem Vertrag, sondern von einer Vereinbarung. Natürlich haben wir in allen Fragen engen Kontakt mit dem Bistum gehalten, um sicherzustellen, dass unsere Beratungen nicht in eine Richtung gehen, die das Bistum nicht akzeptieren könnte. Es hat sich dabei gezeigt, dass wir in vielerlei Hinsicht Neuland mit unserem Prozess betreten und so auch Hinweise für Pfarreiwerdungsprozesse anderswo geben können.

Woher der Name St. Ursula?

Das hat der Bischof entschieden – allerdings nicht ohne Rückfrage. St. Ursula ist unbestritten das Wahrzeichen der Stadt und Sitz von Pfarrer und zentralem Pfarrbüro. Natürlich werden wir die alten Pfarreinamen weiter pflegen, wie auch in allen Gemeinden Gemeindebüros und Bezugspersonen erhalten bleiben.

Was dürfen wir künftig unter Bezugspersonen verstehen?

Der Bischof hat für sechs Gemeinden Bezugspersonen benannt: Diakon Klementowski in St. Hedwig, Gemeindereferentin Anker in Liebfrauen, Diakon Olbrich in St. Aureus und Justina, Diakon Wolf in St. Crutzen, Pastoralreferent Reusch in St. Bonifatius und in St. Sebastian Pastoralreferent Dere, der im August in dieser Aufgabe von Pastoralreferentin Degen abgelöst werden wird. Für die Gemeinde St. Ursula übernimmt ab der Pfarrgemeinderats-Wahl Pfr. Kalteier diese Aufgabe (bisher vertretungsweise Pastoralreferentin Peglow). Pfr. Unfried wird Bezugsperson für St. Petrus Canisius.

Bezugspersonen werden im Seelsorgsstatut des Bistums beschrieben als Seelsorger, die am Ort ihrer Zuständigkeit „in besonderer Weise für seelsorgliche Belange ansprechbar sind". Wir haben dies für uns so konkretisiert: Erstansprechpartner für seelsorgliche Fragen, fester Ansprechpartner für den Ortsausschuss, Erstansprechpartner für Sekretärin, Küster und Organist sowie repräsentative Aufgaben vor Ort.

Und was haben die Projektgruppen konkret erarbeitet?

Projektgruppe pastorale Leitlinien
Hier wurde erstens eine Präambel formuliert, in der die vier Grundvollzüge von Kirche – Nächstenliebe üben, Zeugnis geben, Gemeinschaft leben und Glauben feiern – betont werden. Darüber hinaus wurden diese Grundvollzüge in neun pastorale Handlungsfelder ausgefaltet und dazu jeweils grundsätzliche Aussagen gemacht im Sinne eines vorläufigen Leitbilds für die Seelsorge.

Projektgruppe Synodales
Der neue Pfarrgemeinderat wird 16 Mitglieder haben. Je zwei werden aus einer der acht Gemeinden kommen. Neben den gewohnten Sachausschüssen wird es künftig Ortsausschüsse für die lokalen Belange der Gemeinden geben. Sie werden auf Vorschlag aus den Gemeinden vom Pfarrgemeinderat eingesetzt. Der Pfarrgemeinderat wählt wie bisher den neuen Verwaltungsrat (VRK). Ihm gehören mit dem Pfarrer neun Mitglieder an. Jede Gemeinde soll dort mit einer Person vertreten sein.

Projektgruppe Pfarrbüro
Künftig wird es in St. Ursula ein zentrales Pfarrbüro mit deutlich erweiterten Öffnungszeiten geben. In den anderen Gemeinden bleiben Gemeindebüros erhalten – im Wesentlichen mit den gewohnten Öffnungszeiten. Außerhalb dieser Zeiten werden Anrufe ins Zentralbüro weitergeleitet.

Projektgruppe Finanzen
Die neue Pfarrei wird einen gemeinsamen Haushalt haben. Dieser ist so gestaltet, dass Vermögen auch weiterhin örtlich zugeordnet bleiben können. Zweckbindungen von Vermögen (z. B. Caritas) bleiben selbstverständlich erhalten. Für St. Crutzen wurde vereinbart, dass nicht zweckgebundene Erträge aus dem dortigen Vermögen nach einem bestimmten Schlüssel zwischen der Ortsgemeinde und der Gesamtpfarrei aufgeteilt werden. Für die Arbeit vor Ort wird der neue VRK so genannte „Gattungsvollmachten" erteilen. Das sind genau definierte Vollmachten für Einzelpersonen (oder auch für Mitglieder einer Gruppe), in denen Verantwortung für bestimmte Bereiche übertragen wird. Natürlich tritt die neue Pfarrei als Rechtsnachfolgerin der bisherigen Kirchengemeinden in sämtliche vertraglichen Verpflichtungen (Arbeitsverträge!) ein.

Projektgruppe Kitas
Die neue Pfarrei bleibt Träger aller sieben Kindertageseinrichtungen und sucht im engen Kontakt mit Kindern, Erzieherinnen und Eltern die pädagogische und religionspädagogische Qualität der Arbeit weiterzuentwickeln. Darum soll es z. B. im Ortsausschuss überall einen festen Ansprechpartner für die örtliche Kita geben. Die betriebswirtschaftliche Steuerung werden wir in allen Einrichtungen an einen beim Bistum angestellten Geschäftsführer übertragen.

Projektgruppe Kommunikation und Logo
Die künftige Pfarrei soll ein einheitliches Erscheinungsbild nach außen hin haben. Dazu dient das gemeinsame monatliche Pfarrblatt, ein gemeinsamer Pfarrbrief (angedacht für Advent 2011), die gemeinsame Homepage und natürlich ein gemeinsames Logo. Auch neue Medien sollen künftig verstärkt genutzt werden. Selbstverständlich werden die alten Pfarreinamen auch künftig gepflegt und in der Außendarstellung verwendet.

Was geschieht mit der Gottesdienstordnung?

Durch die Pfarreiwerdung ändert sich die bisherige Gottesdienstordnung nicht. Solange uns zwei Priester (Pfr. Unfried und Pfr. Kalteier) und drei feste Aushilfen (Prof. Arnold, Pfr. Brandt und Pfr. Traudes) zur Verfügung stehen, kann diese Ordnung im Regelfall von uns erfüllt werden. Natürlich kann es auch künftig erforderlich werden, auf veränderte Situationen zu reagieren. Die Vielfalt gottesdienstlichen Lebens (Wortgottesfeier, Andacht, Gebet) liegt uns für alle Kirchen weiter am Herzen.

St. Ursula wird Pfarrkirche. Was ist mit den anderen Kirchen?
In allen anderen Kirchen wird weiterhin Messe gefeiert. Dort gibt es Taufen und Trauungen. Soweit es die Anzahl der Kinder erlaubt, wird es auch überall Erstkommunionfeiern geben. Für die Firmung hat es sich allerdings bewährt, zu insgesamt zwei Gottesdiensten zusammenzukommen.

Wie geht es jetzt weiter?
Eine positive Beschlussfassung in den Gremien vorausgesetzt, wird die Gründungsvereinbarung dem Bischöflichen Ordina-

riat zur Prüfung übergeben werden mit der Bitte, die neue Pfarrei zum 01.01.2012 zu errichten. Außerdem bitten wir um die Erlaubnis, die Pfarrgemeinderats-Wahl am 30.10.2011 bereits in der neuen Struktur durchführen zu können. Der Bischof muss dazu den Priesterrat anhören, die neue Pfarrei errichten und dies im Amtsblatt und im Hessischen Staatsanzeiger veröffentlichen.

Und was ist dann eigentlich besser?

Allein dass so viele Menschen aus allen Gemeinden in allen Projektgruppen mitgearbeitet haben und die Bestandteile der Gründungsvereinbarung sämtlich einmütig erarbeitet werden konnten, ist uns ein Hinweis, dass Gottes Geist uns freundlich geleitet. Das macht uns Mut für die künftige Zusammenarbeit – auch wenn wir wissen, dass viele heute noch skeptisch und sorgenvoll auf unser Projekt schauen. Die guten Erfahrungen aus dem Pastoralen Raum (reichhaltigere Angebote, größere Vielfalt) werden sich verstärken. Wir werden künftig einfachere und leichter durchschaubare Strukturen haben. Die mindestens seit 1995 geführte Strukturdebatte ist damit ausgestanden. Die Synodalordnung bleibt in Geltung und mit ihr das Prinzip der gemeinsamen Verantwortung für die Pastoral. Wir bekommen nun den Rücken frei, um uns den drängenden inhaltlichen Fragen der Fortentwicklung der Seelsorge zu stellen. Übrigens bieten die neuen Strukturen auch die Möglichkeit, neue Kirchorte (z. B. Hospiz, Alfred-Delp-Haus) in die Pfarrei zu integrieren und damit die Pastoral stärker zu vernetzen.

Vor welchen Herausforderungen stehen wir künftig?

Wir werden sicher weiterhin kleiner an Zahl und im Durchschnitt älter an Jahren werden. Die heutige Zahl der hauptamtlichen Seelsorgerinnen und Seelsorger wird sich schwerlich auf Dauer halten lassen. Viel wird davon abhängen, die Seelsorge so zu gestalten, dass Gemeinde sich selbst tragen kann. Vielleicht können Kleine Christliche Gemeinschaften als eine Art Kirche in der Nachbarschaft oder ähnliche Formen gelebter Spiritualität künftig eine wichtige Rolle spielen. Wir werden dazu in einen großen Suchprozess eintreten müssen, um herauszufinden, was für uns passende Modelle sein können. Natürlich müssen wir auch das Profil unserer Gemeinden weiter schärfen. In der neuen Pfarrei braucht nicht jeder alles zu tun – aber betont das, was er besonders gut kann.

Pfarrer Andreas Unfried

Marcelline Schmidt vom Hofe,
Vorsitzende Pastoralausschuss

Für Rückfragen:
unfried@kath-oberursel.de

V. Präsentation: „Pfarrei neuen Typs“ für fünf öffentliche Veranstaltungen in den Gemeinden

Nach der persönlichen Information aller 8 Pfarrgemeinderäte und 8 Verwaltungsräte durch Pfarrer Unfried stand als nächste Aufgabe die gründliche Information der kirchlichen Öffentlichkeit an. Dazu gab es insgesamt 5 öffentliche Veranstaltungen in verschiedenen Gemeinden. Sie waren so terminiert, dass man die Teilnahme mit dem Gottesdienstbesuch verbinden konnte. Wesentliches Medium war dabei eine Präsentation, die auch in der Folgezeit immer wieder bei verschiedenen Anlässen (teilweise in Auszügen) Verwendung fand. Sie hat sich als ein zentrales Kommunikationsmedium des Prozesses erwiesen. Wir dokumentieren hier die wichtigsten Folien.

Ziele und Aufgaben der neuen Pfarreistruktur:

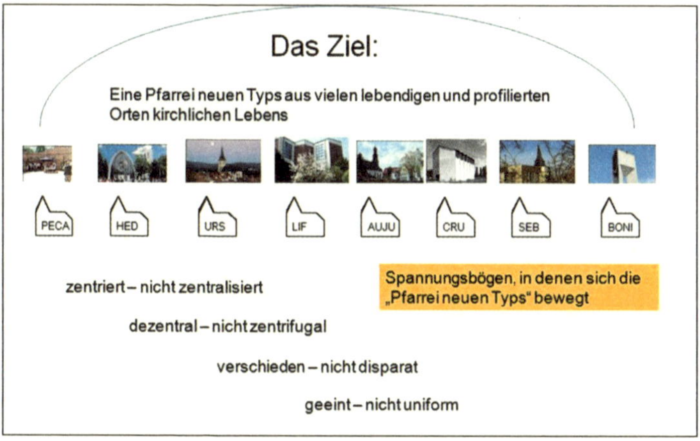
Das Ziel:
Eine Pfarrei neuen Typs aus vielen lebendigen und profilierten Orten kirchlichen Lebens
PECA
HED
URS
LIF
AUJU
CRU
SEB
BONI
zentriert – nicht zentralisiert
Spannungsbögen, in denen sich die „Pfarrei neuen Typs“ bewegt
dezentral – nicht zentrifugal
verschieden – nicht disparat
geeint – nicht uniform

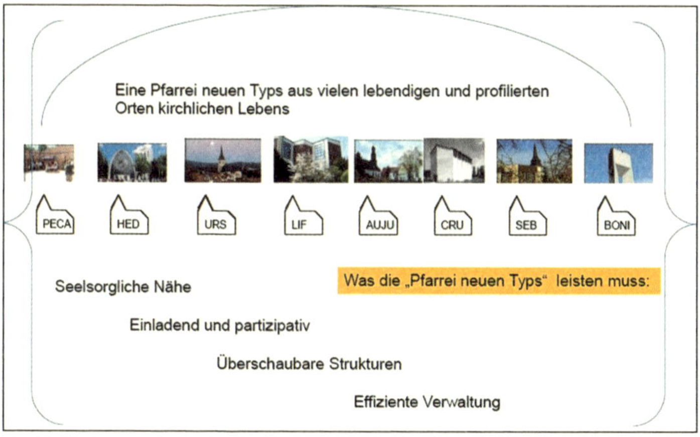
Eine Pfarrei neuen Typs aus vielen lebendigen und profilierten Orten kirchlichen Lebens
PECA
HED
URS
LIF
AUJU
CRU
SEB
BONI
Seelsorgliche Nähe
Was die „Pfarrei neuen Typs“ leisten muss:
Einladend und partizipativ
Überschaubare Strukturen
Effiziente Verwaltung

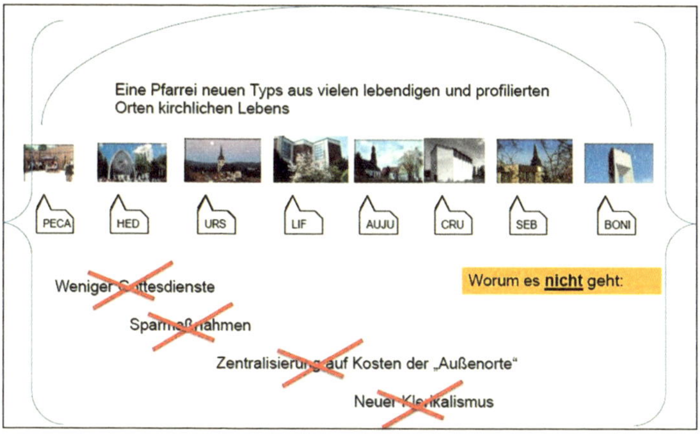
Eine Pfarrei neuen Typs aus vielen lebendigen und profilierten Orten kirchlichen Lebens
PECA
HED
URS
LIF
AUJU
CRU
SEB
BONI
Weniger Gottesdienste
Worum es nicht geht:
Sparmaßnahmen
Zentralisierung auf Kosten der „Außenorte“
Neuer Klerikalismus

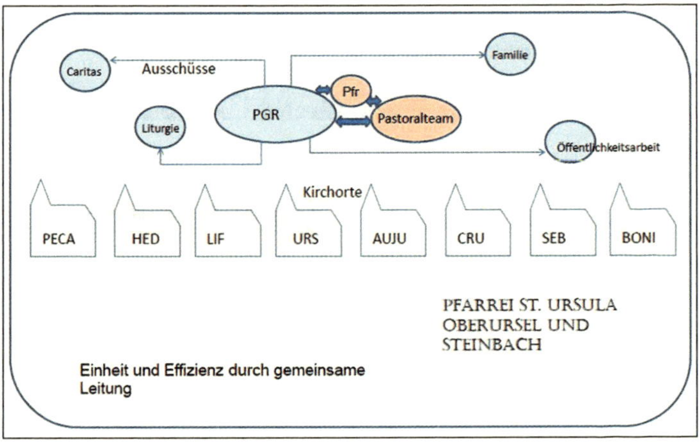
Caritas
Ausschüsse
Familie
Pfr
PGR
Liturgie
Pastoralteam
Öffentlichkeitsarbeit
Kirchorte
PECA
HED
LIF
URS
AUJU
CRU
SEB
BONI
PFARREI ST. URSULA
OBERURSEL UND
STEINBACH
Einheit und Effizienz durch gemeinsame
Leitung

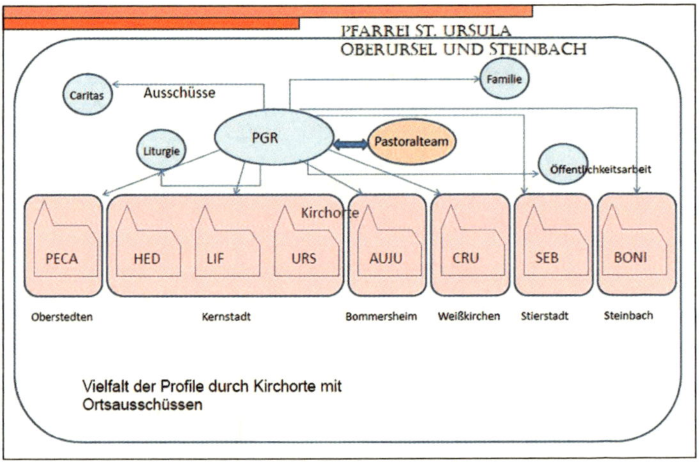
PFARREI ST. URSULA
OBERURSEL UND STEINBACH
Caritas
Ausschüsse
Familie
PGR
Liturgie
Pastoralteam
Öffentlichkeitsarbeit
Kirchorte
PECA
HED
LIF
URS
AUJU
CRU
SEB
BONI
Oberstedten
Kernstadt
Bommersheim
Weißkirchen
Stierstadt
Steinbach
Vielfalt der Profile durch Kirchorte mit
Ortsausschüssen

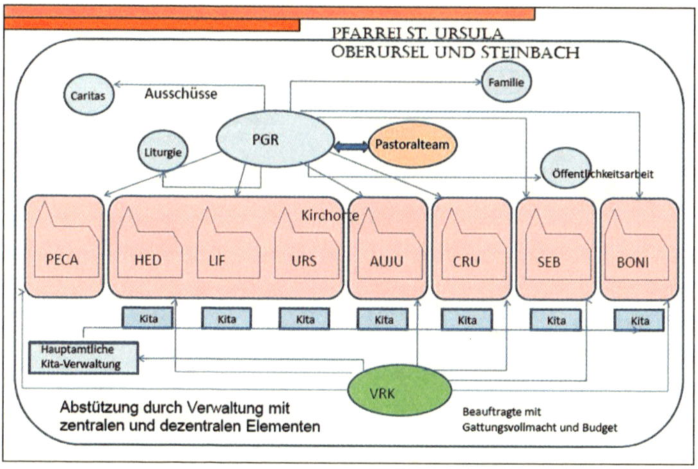

Aufgaben und Zusammensetzung der Ortsausschüsse
In den Ortsausschüssen soll sich die Vielfalt des kirchlichen Lebens am Kirchort abbilden. Als Ausschüsse des Pfarrgemeinderats werden sie nicht in Urwahl gewählt, sondern erhalten ihr Mandat durch den Pfarrgemeinderat. Im Sinne des Subsidiaritätsprinzips handeln sie lokal autonom innerhalb des gemeinsam in der Pfarrei abgesteckten Rahmens.

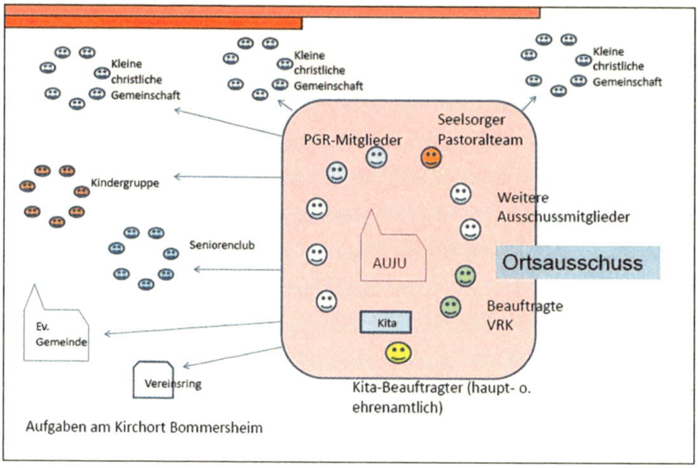

Organisation von zentralem Pfarrbüro und Gemeindebüros

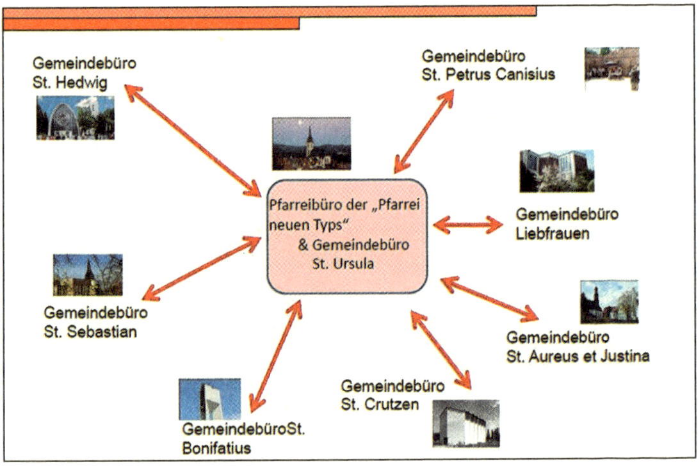

Aufgaben des zentralen Pfarrbüros

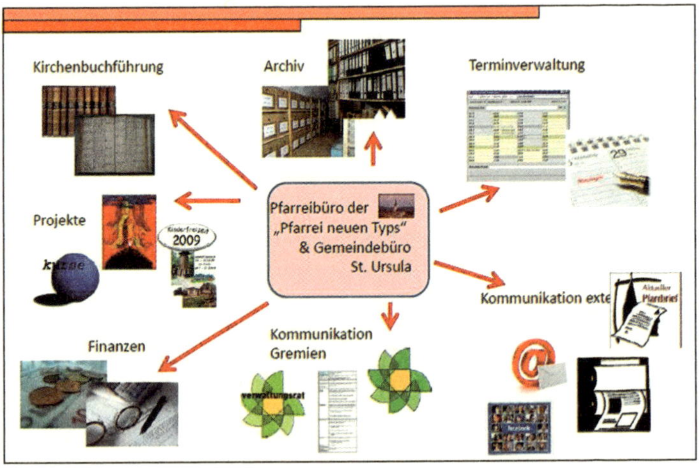

Aufgaben der Gemeindebüros

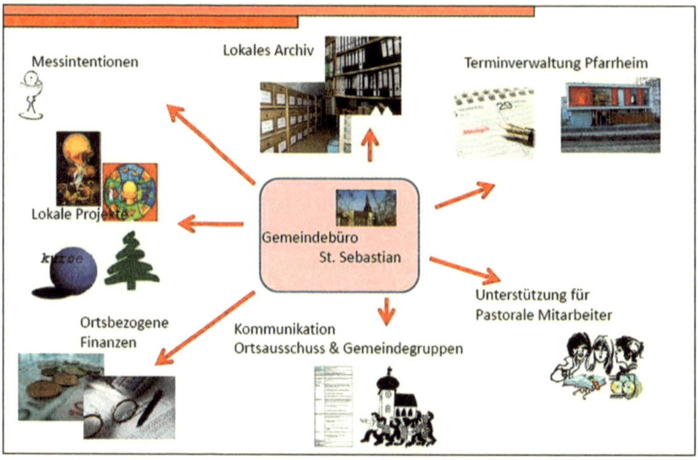

VI. Präsentation: Offener Klausurtag zum Prozess Pfarreiwerdung

Der nächste Schritt nach der grundlegenden Information war die Einbindung möglichst vieler in den Prozess. Dazu hielten wir einen Klausurtag des Pastoralausschusses ab, zu dem auch alle Mitglieder des Pfarrgemeinderats und des Verwaltungsrats der Kirchengemeinden sowie interessierte weitere Personen eingeladen wurden. Auf dem Klausurtag konnten eine Steuerungsgruppe für den Gesamtprozess sowie sechs Projektgruppen für inhaltliche Schwerpunkte gebildet werden.
Mithilfe dieser Thesen gelang es, pastorale Leitlinien zu formulieren:

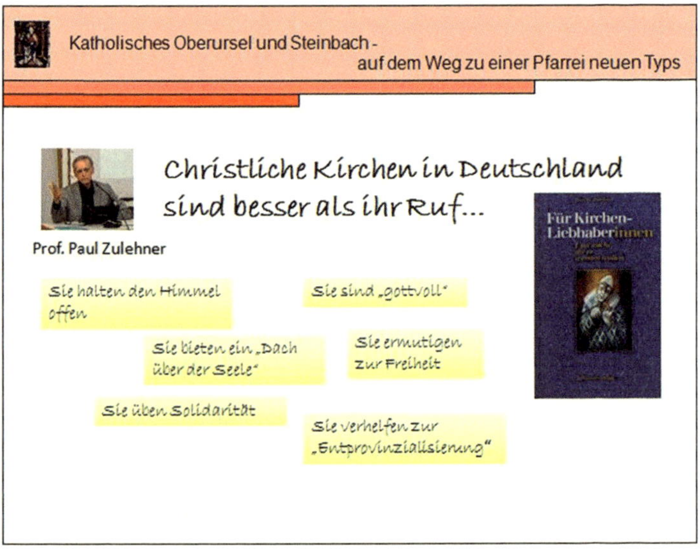

Pastorale Leitlinien für die neue Pfarrei

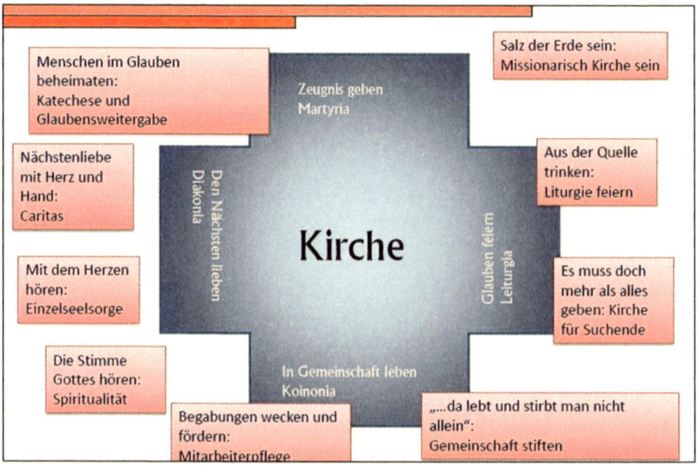

Der Beratungsprozess wurde so strukturiert:

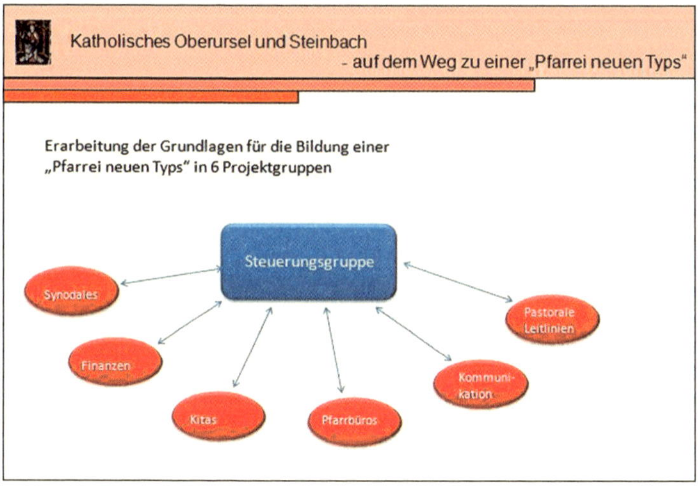

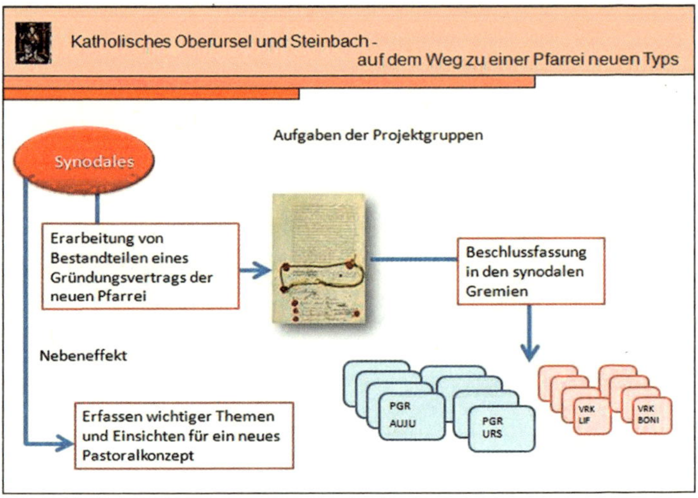

Katholisches Oberursel und Steinbach -
auf dem Weg zu einer Pfarrei neuen Typs
Aufgaben der Projektgruppen
Synodales
Erarbeitung von Bestandteilen eines Gründungsvertrags der neuen Pfarrei
Beschlussfassung in den synodalen Gremien
Nebeneffekt
Erfassen wichtiger Themen und Einsichten für ein neues Pastoralkonzept
PGR AUJU
PGR URS
VRK LIF
VRK BONI

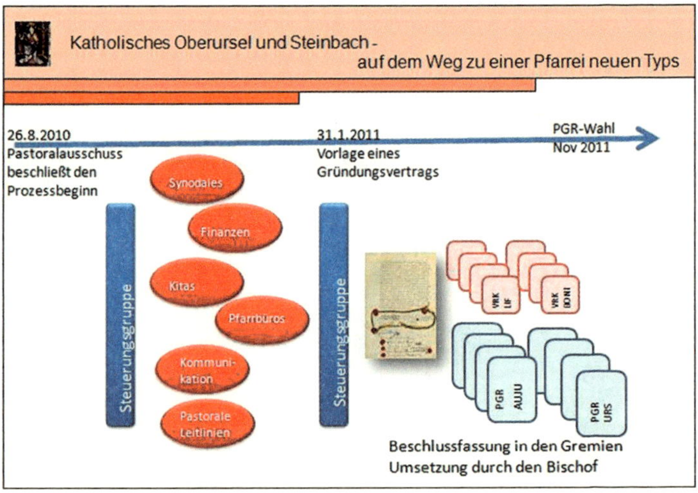

Katholisches Oberursel und Steinbach -
auf dem Weg zu einer Pfarrei neuen Typs
26.8.2010
Pastoralausschuss beschließt den Prozessbeginn
31.1.2011
Vorlage eines Gründungsvertrags
PGR-Wahl
Nov 2011
Steuerungsgruppe
Synodales
Finanzen
Kitas
Pfarrbüros
Kommuni-kation
Pastorale Leitlinien
Steuerungsgruppe
VRK LIF
VRK BONI
PGR AUJU
PGR URS
Beschlussfassung in den Gremien
Umsetzung durch den Bischof